転職　早期退職　定年

会社を退職するときに絶対に知っておきたいお金の話

特定社会保険労務士
房野和由

彩図社

はじめに

会社をやめるときにはどんな手続きが必要？

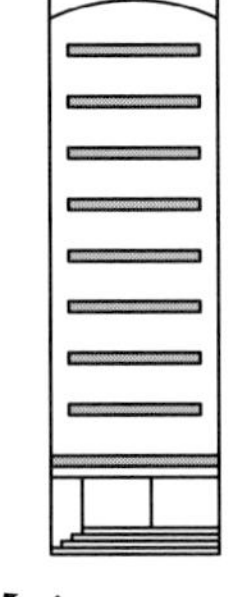

どのような退職でも基本は同じ

制度を知らずに損をしても自己責任になってしまう

本書を手に取ったあなたは、会社をやめようと考えている人でしょう。

会社をやめる・やめたくなる理由は、人それぞれです。転職のために退職する人もいれば、倒産や雇止めに遭い不本意ながら退職を余儀なくされる人もいます。

退職するということは、会社員ではなくなるわけで、毎月の安定した定期的な収入がなくなります。それだけではなく、雇用保険や年金、健康保険などの手続きを自分でしなければなりません。このような手続きの中には、届出書の提出期限が定められているものもあります。

詳しいことは本文で説明しますが、被保険者期間が足りずに失業等給付が受けられない、将来受け取れる年金が減ってしまうなど、**制度を正しく知らなかったために、不利益を被ることになっても、すべて自己責任**です。

日本の社会保障には、失業したら雇用保険、病気・ケガをしたら医療保険、そして老後は老齢年金の支給など、一通り公的な保険制度が整備されてい

ます。「もしものとき」のときのための保険なのですが、**失業も「もしものとき」の一つ**です。この機会に制度の仕組みをきちんと学びましょう。

将来を見据えたキャリアプランを考えよう

ところで、皆さんは何歳まで働きますか？

２０２１年４月から〝70歳就業法〟が施行され、現在はまだ努力義務ですが、企業に対して70歳までの就業機会の確保を求めています（詳しくは64ページ）。

実際に、どれくらいの人が70歳まで働くようになるかはわかりませんが、年金不安、将来不安を和らげる意味でも〝70歳就業〟を前向きに捉えるべきです。

今後ますます、一つの会社、一つの仕事で職業人生を全うできる人は、確実に少なくなっていくでしょう。次の会社、次の仕事にチェンジする際に、本書を活用していただき、皆さまのお役に立てることができれば幸いです。

特定社会保険労務士　房野和由

退職

■会社に返却するもの
- 健康保険被保険者証
- 社員証
- 名刺
- 制服など

■会社から受け取るもの
- 離職票
- 雇用保険被保険者証
- 源泉徴収票
- 年金手帳　など

→15ページ

雇用保険

求職の申し込み

→28ページ

待期期間
7日間

雇用保険説明会

健康保険

いずれかへ切り替える

①健康保険の任意継続
（退職日の翌日から20日以内）　→42ページ

②国民健康保険
（退職日の翌日から14日以内）　→44ページ

③家族の
健康保険
（被扶養者）

年金

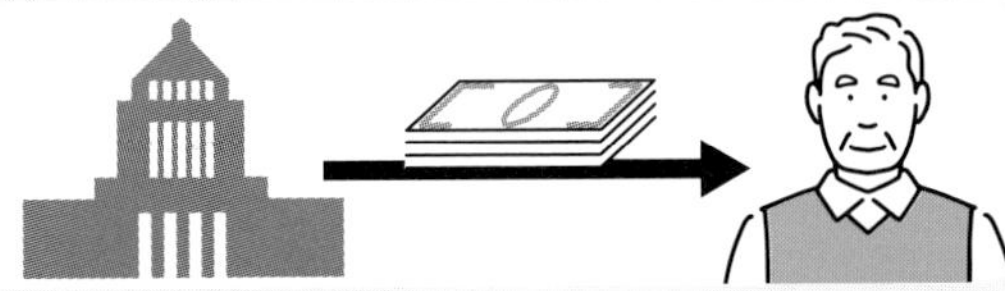

年金の切り替え手続き（14日以内）　→66ページ

第２号被保険者→第１号被保険者もしくは
第３号被保険者になる

退職から再就職するまでの手続きの流れ

再就職

給付制限期間
2カ月間
→26ページ

失業認定日
※失業認定は4週間に1回

基本手当の振込み

雇用保険

再就職

基本手当を受け取りながら就職活動

早く安定した職業に就いたら再就職手当を申請する
→30ページ

税金

12月31日までに再就職しなかった場合は確定申告が必要
→56ページ

もくじ

1章 会社をやめたくなったら

2章 雇用保険の手続き

3章 健康保険の手続き

4章 税金の手続き

5章 年金の手続き

退職・再就職の素朴なQ＆A

資料編・書類の書き方例

1章

会社をやめたくなったら

1章－1

会社をやめたくなったら

やめるならいつがお得？ 会社のやめどきを考える

［定年まで勤め上げる人は少数派］

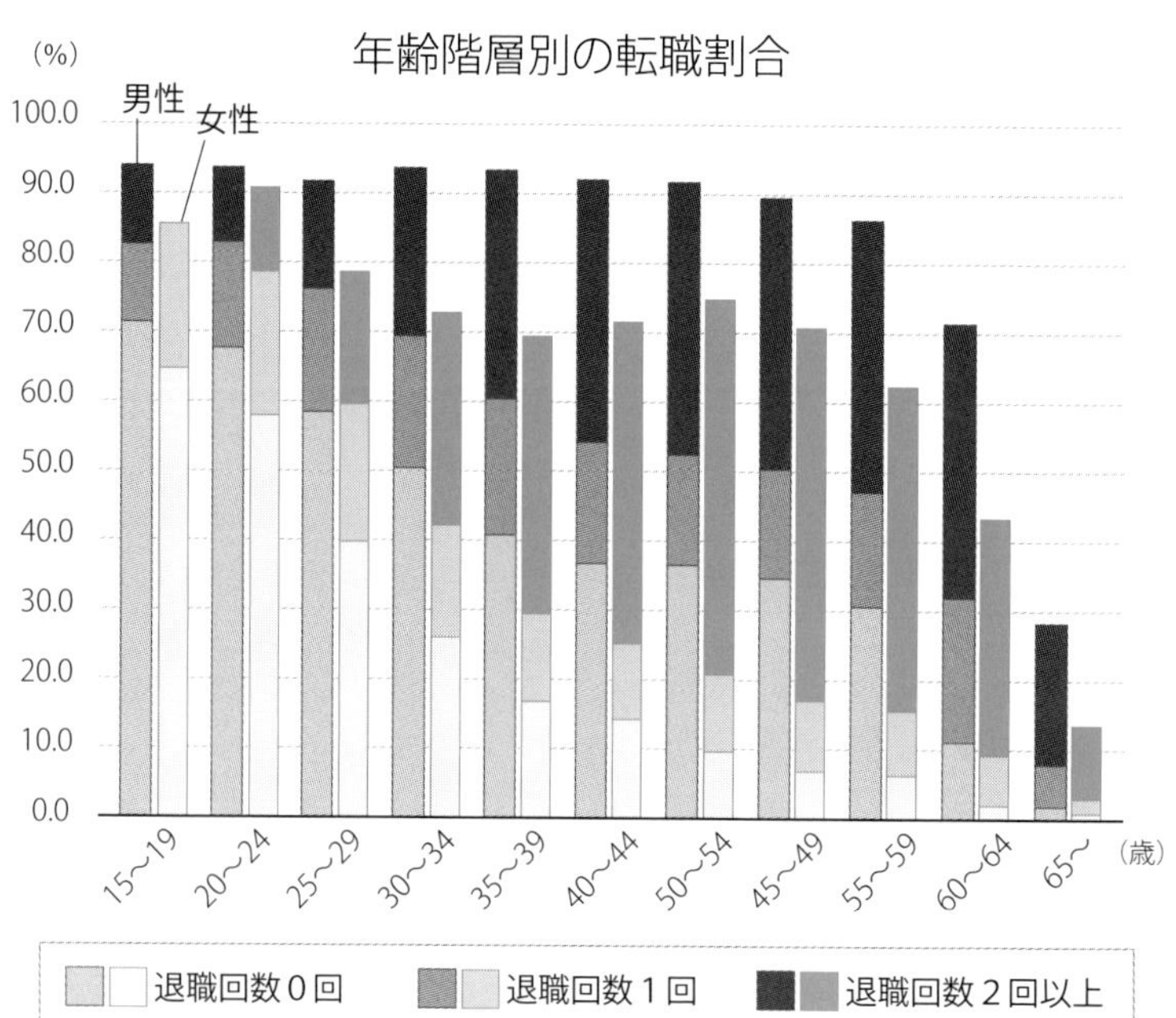

一度も転職しない人は…

男性
31.6%

女性
6.5%

転職は当たり前
なんだな

（リクルートワークス研究所「全国就業実態パネル調査［データ集］2017」をもとに作成）

終身雇用なんてとっくに終わっている

いわゆる日本型雇用とは、終身雇用、年功賃金、企業別組合という3つの制度によって支えられてきた雇用システムとして知られています。

このうちの終身雇用は、企業が採用した社員を定年まで雇い続けるという雇用慣行で、かつては新卒で入社した会社に定年まで勤めるのが一般的でした。

今どきこんな話をすると「昭和かよ」といわれそうですが、終身雇用はとっくに終わっているといえそうな興味深いデータがあります。

実際のところ、55～59歳の人でずっと同じ会社で働き続けている男性は31・6％、女性は6・5％にすぎないのです。

退職の申し出は
ボーナス支給後にするのがベスト！

［ボーナスをもらってから退職するために］

まずは就業規則を確認しよう

就業規則

（賞与）

第〇条　賞与は、原則として、**下記の算定対象期間に在籍した労働者**に対し、会社の業績等を勘案して下記の支給日に支給する。ただし、会社の業績の著しい低下その他やむを得ない事由により、支給時期を延期し、又は支給しないことがある。

算定対象期間	支給日
11月1日から4月30日まで	6月30日
5月1日から10月31日まで	12月1日

このような規定がある会社もあるので要注意！

［ボーナスと退職のタイミング］

5月　6月　7月　8月　9月　10月　11月　12月

退職届提出

転職先入社

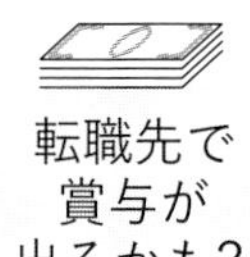

転職する理由はさまざまでしょうが、**会社をやめることにネガティブなイメージを持つ必要はありません。**

ボーナスをもらってからやめよう

では、会社をやめるとなったら、いつやめるのがお得なのか？

目先の損得をいえば、**ボーナスをもらってからやめるのがいいです。**

たいていの会社は、就業規則に賞与の規定があるはずなので、支給日在籍者要件等を確認してから退職の意思表示をしましょう。詳しいことは後述しますが、雇用保険の**基本手当**に関係する年数としては、1年目、10年目、20年目が節目になります。

そして、**年金**です。会社員として20年以上の被保険者期間があると、**加給年金**が加算されます。

あともう少しで勤続20年になる人は、会社員を20年やってからやめた方が絶対にお得です。

1章−2
会社をやめたくなったら

退職するには手続きが必要

退職の申し出はいつする？

［退職するのは労働者の自由］

民法第627条第1項（下記）により

解約の申入れをしてから
（退職）
2週間たてば
やめられる

雇用主は拒否できない

［会社の就業規則と民法の規定が異なる場合］

就業規則		民法第627条第1項
（退職手続き） 従業員が自己の都合により退職しようとする場合は、**1カ月前までに**退職願を提出しなければならない。	＞	雇用は、**解約の申入れの日から2週間を経過する**ことによって終了する。

会社の就業規則の方が優先！

契約社員は契約期間優先

この場合は
1カ月前までに退職願を出そう

就業規則を守って円満退社

就業規則が優先される

企業に採用の自由があるように、労働者にもやめる自由があります。

民法第627条第1項は、「当事者が雇用の期間を定めなかったときは、各当事者は、**いつでも解約の申入れをすることができる。**この場合において、雇用は、解約の申入れの日から2週間を経過することによって終了する」と規定しています。

つまり、**退職の申入れをしてから2週間たてば、自動的に会社をやめられる**のです。会社の同意や承認がなければ退職できないわけではありません。

ただし、就業規則に退職手続きの規定がある場合は、原則として就業規則の規定が優先します。

例えば、「従業員が自己の都合により

退職の申し出をするときは、就業規則で規定された申告時期を守ろう

［退職願の書き方］

退職願

20〇〇年〇月〇〇日

株式会社〇〇社
代表取締役　企業一郎　殿

営業部
鈴木□彦（鈴木）

私儀

このたび一身上の都合により、20〇〇年〇月〇〇日をもって退職いたしたく、ここにお願い申し上げます。

以上

［退職願と退職届、どっち？］

退職願　会社に対して退職を願い出る書類

退職届　自分の退職を通告するための書類

会社をやめる意思が固いのなら**退職届**

退職しようとする場合は、「1カ月前までに退職願を提出しなければならない」と規定されていたら、1カ月前までに退職の申入れをするべきです。

契約社員の場合はどうなる？

民法第627条の条文には、「当事者が雇用の期間を定めなかったとき…」との部分があります。雇用の期間に定めがないとは、正社員（正規雇用）を意味しています。

では、雇用の期間に定めがある契約社員等が退職したい場合はどうなるのか？

例えば、1年間の**有期労働契約**を結んで働いている人は、原則として、その契約期間中は**やむを得ない事由がある場合でなければ、その会社をやめることはできません**。

逆に、雇う側の会社もその労働者を契約期間の途中でやめさせることはできないのです。一度、締結した契約はお互いに順守しなければなりません。

1章－3
会社をやめたくなったら

退職の理由に気をつけよう

「自己都合退職」と「会社都合退職」の違いは何？

自己都合退職のデメリット

退職には、自己都合退職と会社都合退職の2つがあります。

「自己都合退職」は自ら希望して退職するケースで、**「会社都合退職」**は倒産やリストラなどの理由で退職を余儀なくされたケースが該当します。

ほかにやりたい仕事がある、もっと給与が高い会社に転職したいという理由で、現在の勤め先をやめる場合は、当然自己都合退職として扱われます。

自己都合退職のデメリットとしては、**雇用保険の基本手当を受給するまでに、2カ月の給付制限期間があること**、所定給付日数も会社都合に比べて少なくなることがよく指摘されます（26～27ページ参

［自己都合退職と会社都合退職の違い］

自己都合退職		会社都合退職
1月 退職 → 2月 ― → 3月 ― → 4月 給付 制限あり（2カ月）	給付制限	1月 退職 → 2月 給付 → 3月 給付 → 4月 給付 制限なし
90～150日	基本手当の所定給付日数	90～330日
自己都合（一身上の都合）により退職	履歴書への記載	**会社都合**により退職

［自己都合退職は退職金でも不利］

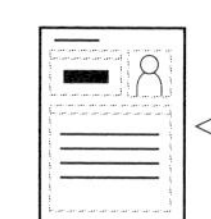

会社によって異なるとはいえ…

勤続年数（年齢※）	自己都合退職	会社都合退職
3年（25歳）	23万円	35万円
5年（27歳）	42万円	60万円
10年（32歳）	114万円	148万円
15年（37歳）	215万円	266万円
20年（42歳）	353万円	425万円

自己都合退職：やや低め　会社都合退職：やや高め

※大学卒業の場合
（東京都産業労働局「中小企業の賃金・退職金事情（令和２年版）」モデル退職金を参考に作成）

「自己都合退職」のデメリットは
退職金や保険給付の面で大きい

[退職するときに返却するものと受け取るもの]

会社に返却するもの

- ☑ ① 健康保険被保険者証
- ☑ ② 社員証
- ☑ ③ 名刺
- ☑ ④ 会社から支給された備品

など

会社から受け取るもの

- ☑ ① 離職票（後日郵送される）
- ☑ ② 雇用保険被保険者証
- ☑ ③ 源泉徴収票
- ☑ ④ 年金手帳　など

[ちょっと怖いかも !?　競業避止義務]

競業避止義務に違反すると…　以下のようなリスクがある

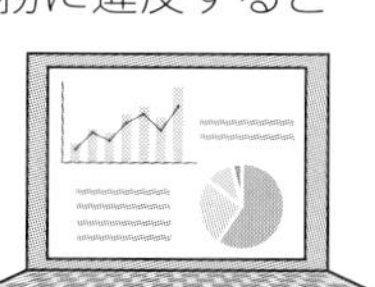

会社の機密情報を扱っている人は「競業避止義務規定」を確認すること

照）。もっともこのデメリットは、すでに転職先が決まっており、すぐに次の会社で働き始める人には関係ないことなので、気にする必要はありません。

同業他社への転職は気をつけよう

転職を考える場合、多くの人は現在の仕事・職種の経験が生かせる会社を探すのではないでしょうか。

同業他社への転職で注意したいのは、**退職後の競業避止義務**です。会社としては、元社員が同業他社へ転職することで、機密情報やノウハウが流出するのではないかと危惧します。

そこで就業規則等で同業他社への転職を禁止（制限）する規定を置いている会社もあります。

営業秘密やノウハウなどに触れる機会があった役職・立場にいた人に対して、退職後の競業避止義務を有効とした裁判例もあるので、同業他社への転職は慎重に進めた方がいいでしょう。

1章－4
会社をやめたくなったら

違法性はないか？

もし退職勧奨をされたら…

［希望退職と退職勧奨の違い］

希望退職

企業が
退職を希望する社員を募る

社員が退職を希望する

一般的に、退職金の割増しや
再就職支援などの優遇措置が
用意されている

退職勧奨

会社が退職を勧める

（「解雇」とは違う）

企業による退職勧奨を
制限する法律などはない

会社都合

とみなされ

特定受給資格者となる （25ページ参照）

やめたくないなら退職勧奨は断ればいい

退職勧奨とは、会社がある社員に対して「やめてくれ」と伝え、退職を勧めてくることをいいます。

「やめてくれ」と言われて、「はい、わかりました」と応じてしまったら、そこでおしまいです。

また「やめたいです」「やめてもいいです」のようなあいまいな返答をすると、会社は**退職の合意**があったとして、退職届を出せ、健康保険証を返却しろと、淡々と退職手続きを進めてきます。

一方的にクビを宣告される解雇と違い、退職勧奨は労働法による規制がありません。そのため、「やめてくれないかな」と遠回しな言葉遣いで執拗に〝肩たたき〟

やめたくないなら、やめなくていい。強要されたら裁判で争うこともできます

［やめたくないなら断っていい］

行き過ぎた退職勧奨は退職強要

理不尽な強要には勇気を出して断ろう

［もしやめるのなら…］

退職届

20○○年○月○○日

株式会社○○社
代表取締役　企業一郎　殿

営業部
鈴木□彦 (鈴木)

私儀
このたび、**貴社、退職勧奨にともない**、来たる20○○年○月○○日をもって退職いたします。

以上

本来、退職届の提出は不要
でももし
退職届を提出する場合は…

「退職勧奨に
応じて
不本意ながら
退職する」

ことがわかる
文面にしておこう

「会社都合により」などでもOK

をする悪質な会社も存在します。

退職する意思がないのなら、肩たたきをされてもスルーしましょう。**行き過ぎた退職勧奨は退職強要**であり、法的に争うことも可能です。

退職勧奨に応じた辞職は会社都合退職？

会社都合で退職したはずなのに、失業等給付の受給手続きのためハローワークに行ったら、自己都合退職にされていた。残念ながら、こうした退職理由をめぐるトラブルは少なくありません。

本来、**退職勧奨に応じて退職した場合は、会社都合退職**となるものです。また、**退職届を書く必要もありません**。

退職届を提出してしまうと、文面によっては自己都合退職にされてしまう可能性もゼロではないので、気をつけたいところです。

それでも提出を求められたら、退職勧奨に応じた会社都合退職である旨を強調しておくことです。

Q 突然「お前はクビだ」と言われたんですが…

A 客観的に合理的な理由を欠き、社会通念上相当でない解雇は無効です。

解雇は3種類

懲戒解雇
就業規則の懲戒事由に該当した場合の解雇

整理解雇
会社の経営上どうしても人員整理が必要な場合に行われる解雇

普通解雇（トラブルになりやすい）
右の2つ以外の解雇。いわゆる労働者の債務不履行を主たる理由とする解雇

解雇する場合は…

①少なくとも30日前の予告

②30日分以上の平均賃金の支払い（解雇予告手当）

③①と②の併用

解雇権の濫用（らんよう）は許されない 簡単にクビにはできない

「お前クビ、明日から来なくていい」というような突然の解雇通告はできません。

能力不足や勤務成績の不良を理由に普通解雇する場合の立証責任は、会社側にあります。これが立証できなければ不当解雇になりますが、ワンマン経営者の中小零細企業等では不当解雇が少なくありません。

解決法としては裁判がありますす。しかし「裁判はちょっと」とためらってしまう人が多いのではないでしょうか。

裁判以外には、都道府県労働局長による助言・指導、紛争調整委員会によるあっせんという裁判外の解決法もあります。いずれも無料で利用できます。

Q 困ったときはどこに相談すればいい？

A 一人で悩んでいないで、総合労働相談コーナーを利用しよう。

恫喝する

無視する

仲間外れにする

仕事を教えない

職場でのいじめ根絶は一筋縄ではいかないものです。その上で、対処法を考えましょう。

社内に相談窓口や労働組合などがない場合は総合労働相談コーナーへ

総合労働相談コーナーは無料・予約不要・秘密厳守

総合労働相談コーナーは、各都道府県労働局、全国の労働基準監督署内などの379カ所に設置されています。

総合労働相談コーナーでは、解雇、雇止め、配置転換、賃金の引き下げ、募集・採用、いじめ・嫌がらせ、パワハラ、セクハラなどのあらゆる分野の労働問題を対象としています。労働者、事業主どちらからの相談も受け付けています。専門の相談員が面談もしくは電話で対応してくれ、予約不要、無料で利用できます。

また、相談者のプライバシー保護に配慮した相談対応を行っており、秘密厳守です。

女性相談員がいるところもあるので、セクハラに関することなどは、女性相談員に相談するといいでしょう。

［解雇と雇止め］

解雇は一方的なクビ宣告

解雇とは、使用者が一方的に労働契約を解約することをいいます。従業員が一方的に労働契約を解約する自主退職、使用者と従業員の双方が合意して労働契約を解約する合意退職との相違点は、“使用者が一方的に”という部分です。要するに、解雇とはクビ宣告にほかなりません。

しかし解雇は簡単にはできません。労働契約法第16条は「解雇は、客観的に合理的な理由を欠き、社会通念上相当であると認められない場合は、その権利を濫用したものとして、無効とする」と定めています（解雇については18ページも参照のこと）。

もし解雇（自己の責めに帰すべき重大な理由によるものを除く）された場合は、雇用保険では特定受給資格者となり、すぐに失業等給付（基本手当）が受給できるため、当面の生活費は確保できると思われます（26～27ページ参照）。

雇止めは会社都合の離職

雇止めとは、有期労働契約の場合に、契約を更新せずに終了させることをいいます。不況になると、雇止めされる人が増え、社会問題となっていることはご存じでしょう。雇用期間の定めがある非正規雇用で働く人を景気の調整弁として使っているとの批判もよくされます。

もっとも、雇止めは使用者が自由に行えるものではありません。雇止め法理は過去の判例でも示されていましたが、現在は労働契約法第19条で明文化されています。すなわち、使用者が契約更新の申し込みを拒絶することが、客観的に合理的な理由を欠き、社会通念上相当であると認められないときは、雇止めは無効となります。

雇用保険では、契約の更新を希望したにもかかわらず雇止めされ、離職した者を「特定理由離職者」として、特定受給資格者とみなして受給期間、所定給付日数に係る規定が適用されます。

なお、本人が更新を希望しないで期間満了となり、離職した場合は、自己都合退職扱いされてしまうので、この点は気をつけたいところです。

2章

雇用保険の手続き

2章－1
雇用保険の手続き

会社をやめるなら1年たってからがいい
失業したらもらえる「基本手当」

会社員は失業したら基本手当を受給

一般的に「失業したときは、失業保険をもらう」などといいますが、正しくは**「雇用保険の失業等給付」**をもらうことになります。

失業等給付は、さらに枝分かれして求職者給付、そして会社員等の一般被保険者は**基本手当**を受給できます。

会社員等が失業した場合は、基本手当をもらいながら、次の仕事を探す求職活動をしていくことになります。

なお、雇用保険では、失業の定義を「被保険者が離職し、労働の意思及び能力を有するにもかかわらず、職業に就くことができない状態にあることをいう」としています。

［失業状態とは？］

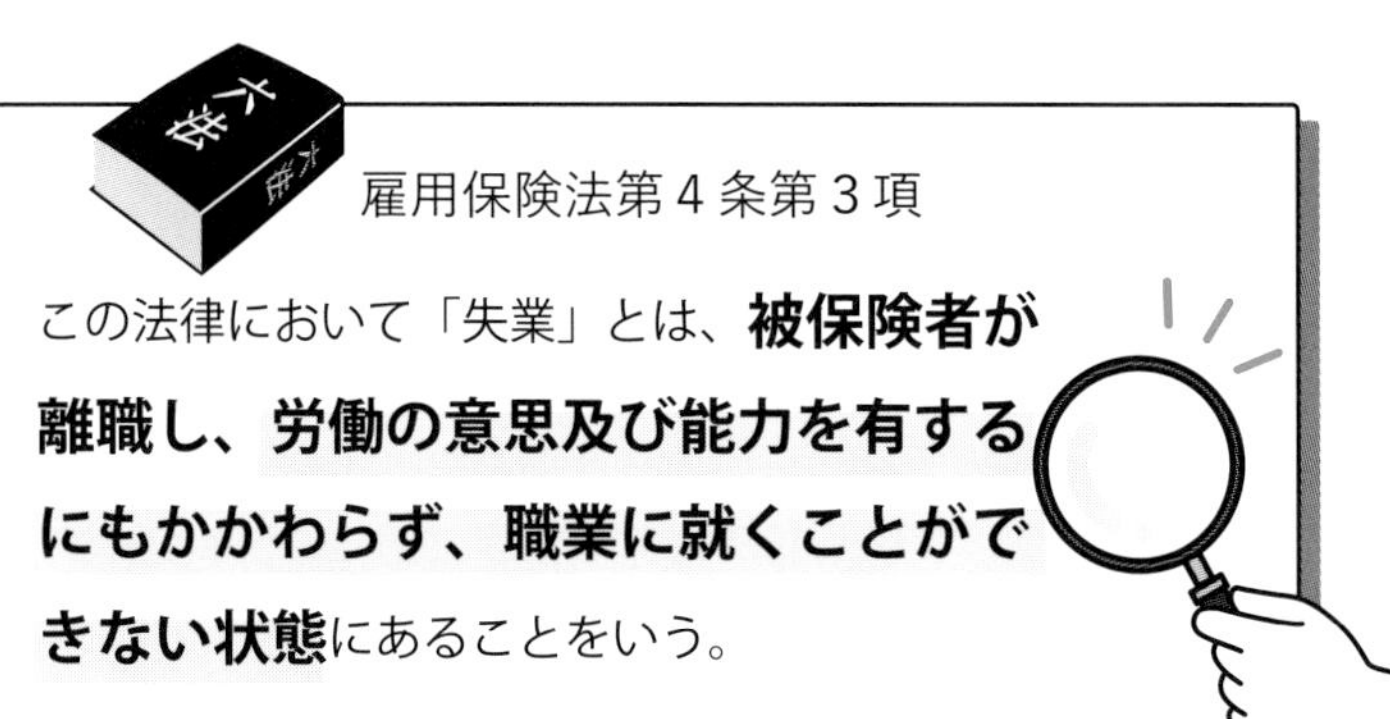

雇用保険法第４条第３項

この法律において「失業」とは、**被保険者が離職し、労働の意思及び能力を有するにもかかわらず、職業に就くことができない状態**にあることをいう。

つまり… **職を失った ≠ 失業**

［基本手当とは？］

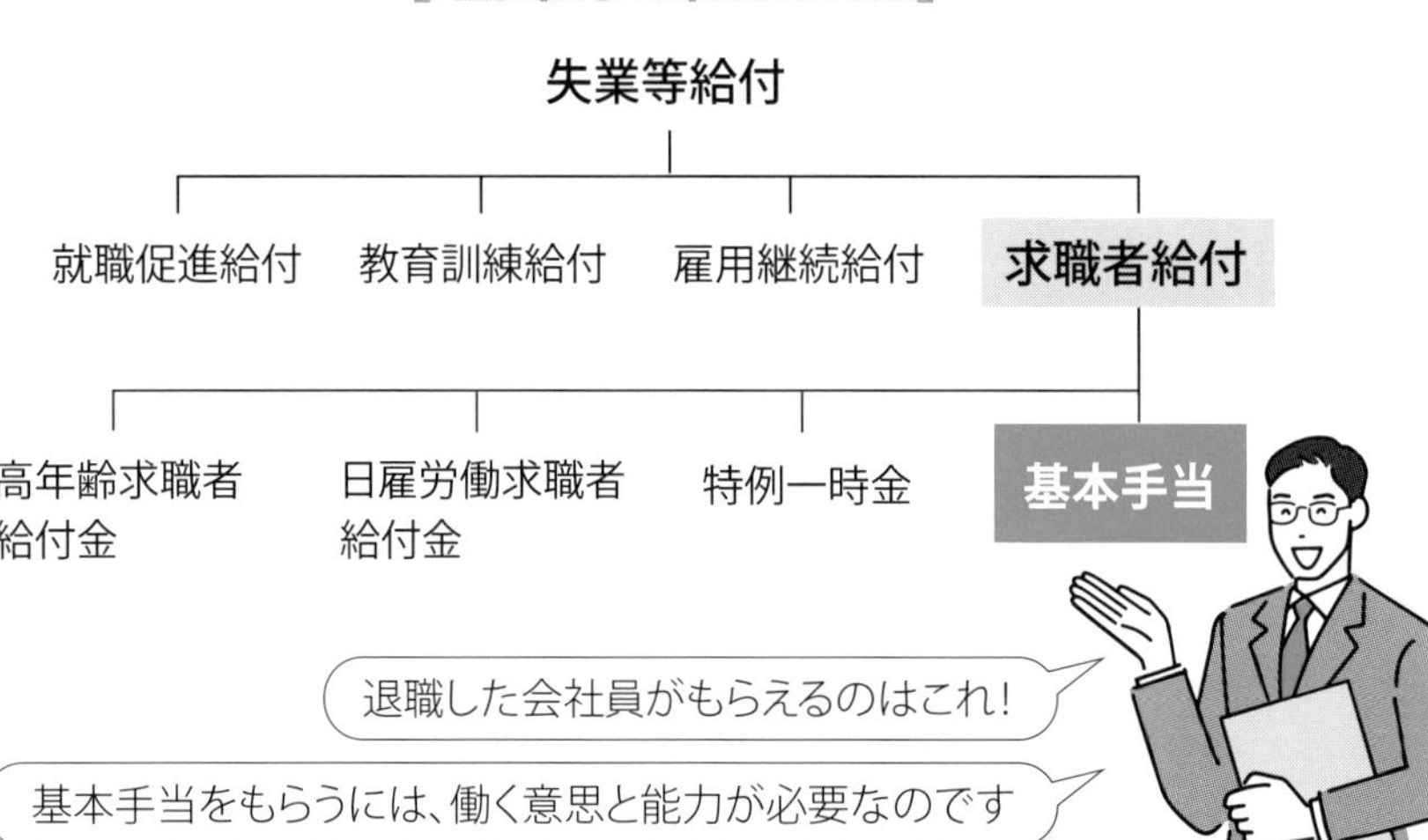

会社をやめたくなっても、勤続期間が12カ月以上になるまで我慢しよう

［基本手当の受給資格］

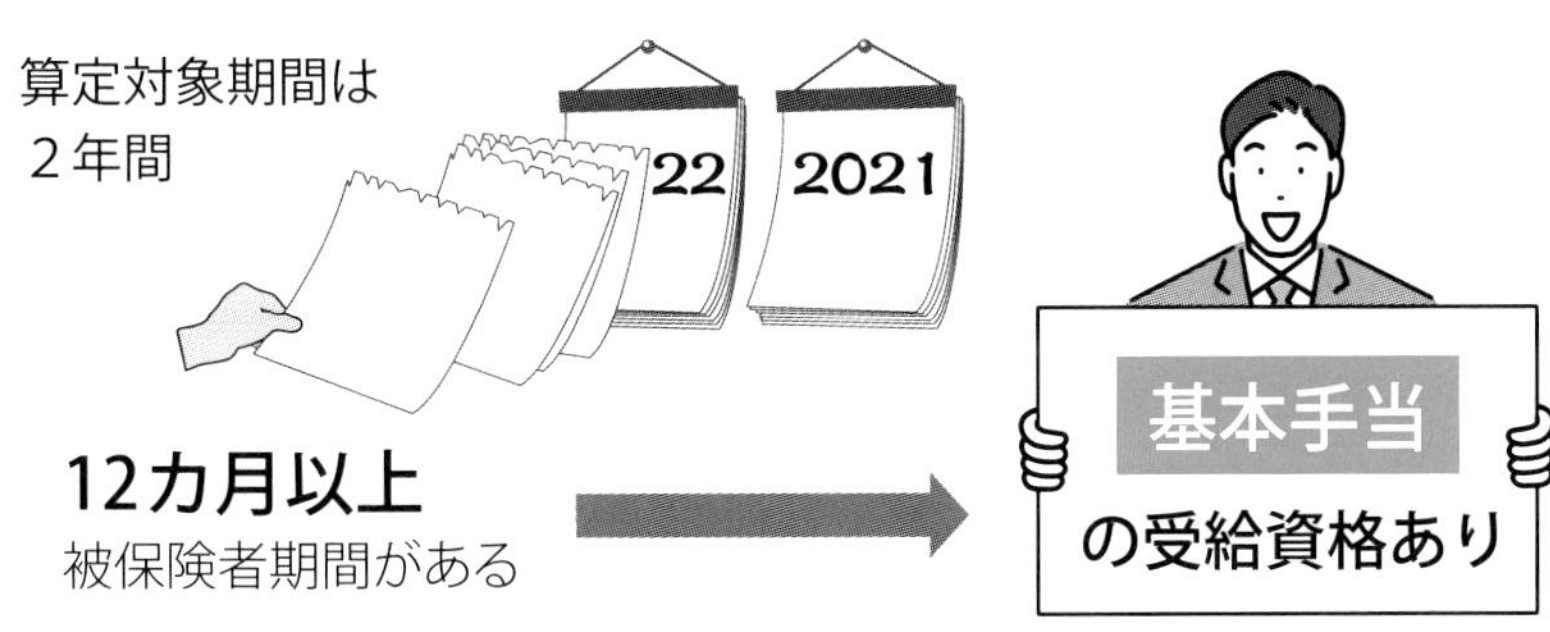

算定対象期間は２年間

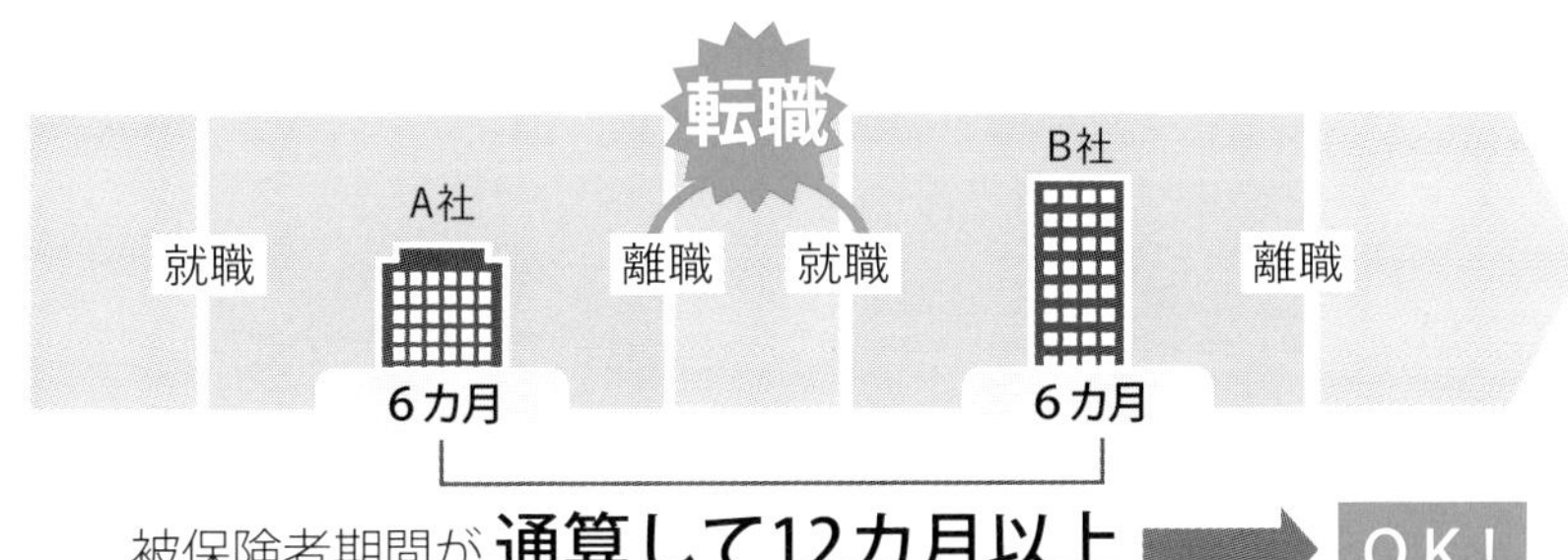

［会社の倒産で失業した場合はどうなる？］

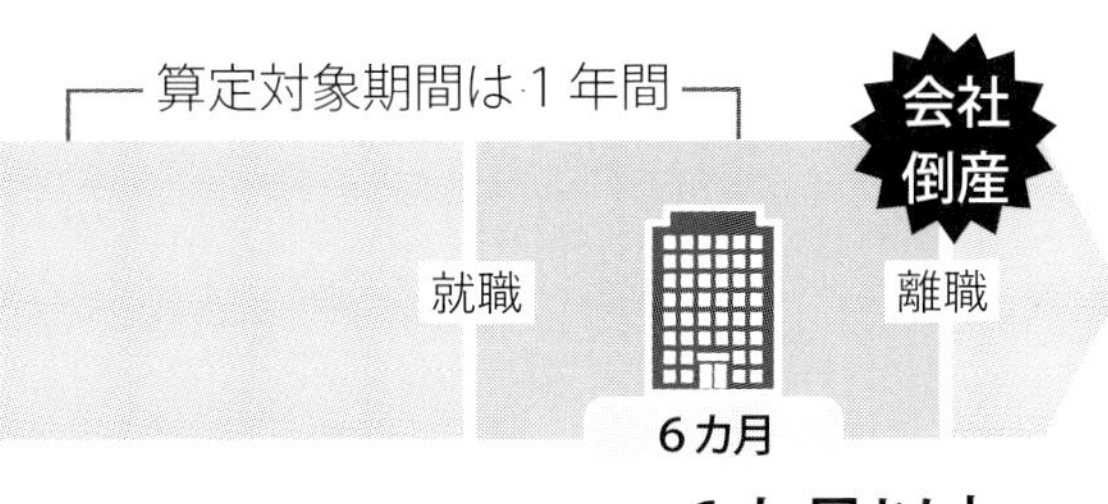

被保険者期間が通算して ６カ月以上 OK!

この定義に従えば、**仕事探しをしないで、就職する努力もしていない状態は〝失業〟とはいいません。**職を失ったから失業ではないのです。

基本手当の受給資格

基本手当の受給資格は、算定対象期間（２年間）に被保険者期間が通算して12カ月以上あることが要件とされます。

その上で受給資格の決定、失業認定を行うことで、基本手当が支給されることになります。

直近の勤め先で１年（12カ月）以上働いていれば受給資格を満たします。また、２年間の途中で転職をしていても、**通算して12カ月以上あればいい**ので、例えばA社に６カ月、B社に６カ月のような場合でも受給資格を満たすことが可能です。

倒産等により離職し失業した場合は、算定対象期間（１年間）に被保険者期間が通算して６カ月以上あることとされていて、要件が緩和されます。また、給付制限（26～27ページ参照）も受けません。

基本手当を知ろう いつまで、いくらもらえる？

もらっていた給与が保障されるわけではない

普通の会社員が失業したときにもらえる基本手当が実際にどれくらいの金額か、ご存じですか？

例えば、月給30万円をもらっていた人が失業したら、基本手当の金額も30万円を保障してくれるかといったら、さすがにそれはありません。

基本手当の日額は、**賃金日額に給付率を乗じて得た額**とされています（雇用保険法第16条）。（計算式は上の図表参照）

賃金日額には離職時の年齢に応じて上限額が設定されていて、給付率も最高で100分の80ですから、よくても従来もらっていた賃金の8割の金額が基本手当としてもらえれば、御の字といえるで

［いくらもらえる？　計算のしかた］

離職者の賃金日額に基づいて算定される

基本手当の日額＝賃金日額 × 給付率

賃金日額とは…

↓

算定対象期間において被保険者期間として計算された最後の６カ月間に支払われた賃金総額
―――
180日

↓

月給30万円の会社員（35歳）の場合

退職前の６カ月間の賃金総額は
30万円×６カ月＝180万円

これを180日で割ると 180万÷180日＝１万円

30～44歳の賃金日額の上限額は１万5,020円
↓
賃金日額は **１万円**

［上限額と給付率］

賃金日額の上限額（令和３年８月１日から）

離職時の年齢	賃金日額の上限額
29歳以下	１万3,520円
30～44歳	１万5,020円
45～59歳	１万6,530円
60～64歳	１万5,770円

※賃金日額の下限額は年齢に関係なく2,577円

給付率（離職時の年齢が30～44歳の場合）

賃金日額	給付率
2,577円以上4,970円未満	80%
4,970円以上12,240円以下	80～50%
１万2,240円超１万5,020円以下	50%
１万5,020円（上限額）超	—（注）

（注）基本手当日額の上限額である7,510円となる

雇用保険はあくまでも保険。できるだけ早く失業状態から抜け出そう

［いつまでもらえる？］

基本手当の所定給付日数

一般の離職者（自己都合退職・定年退職等）

被保険者であった期間（算定基礎期間）		
1年以上10年未満	10年以上20年未満	20年以上
90日	120日	150日

倒産、解雇等による離職者（特定受給資格者および一部の特定理由離職者）

		被保険者であった期間（算定基礎期間）				
		1年未満	1年以上5年未満	5年以上10年未満	10年以上20年未満	20年以上
離職時の満年齢	30歳未満	90日	90日	120日	180日	—
	30歳以上35歳未満		120日	180日	210日	240日
	35歳以上45歳未満		150日		240日	270日
	45歳以上60歳未満		180日	240日	270日	330日
	60歳以上65歳未満		150日	180日	210日	240日

勤続10年未満で
自己都合退職した場合は…

基本手当の
支給は90日

とはいえ
何が起こるか
わからないから
早めに動こう…

しょう。

3カ月以内に次の仕事を見つけよう

所定給付日数は、基本手当の支給を受けることができる日数のことです。

倒産等のため離職した**特定受給資格者**とそれ以外の受給資格者では、所定給付日数に違いがあります。

勤め先の倒産等の理由で離職を余儀なくされた人に対する保障は手厚いものになっています。

自己都合退職で勤続期間10年未満の人の場合は、90日です。この日数は65歳未満なら皆同じで、中高年だから日数が増えることもありません。

基本手当をもらい始めてから、およそ3カ月のうちに、次の就職先を見つけることができなければ、その後は無収入になって、貯金を取り崩す生活になることでしょう。

やはり、安易に会社をやめてしまうのは、得策ではありません。

2章－3
雇用保険の手続き

自己都合退職はすぐに基本手当がもらえない
給付を制限される場合がある

求職の申し込みが遅れると基本手当を満額もらえないかも⁉

雇用保険の基本手当をもらえる期間は、離職した日の翌日から起算して1年間（所定給付日数が330日の人は1年と30日、360日の人は1年と60日）であり、これを**受給期間**といいます。そして受給期間内に、**所定給付日数**を限度として基本手当の支給が行われます。

また、受給期間が満了した日を**受給期間満了日**といい、この満了日を過ぎてしまうと、たとえ所定給付日数が残っていても打切りとなってしまい、基本手当は支給されません。所定給付日数が多い人は、早めに求職の申し込みをしないと、基本手当をもらい損ねてしまうことにな

［早めに求職の申し込みをしないと損をするかも？］

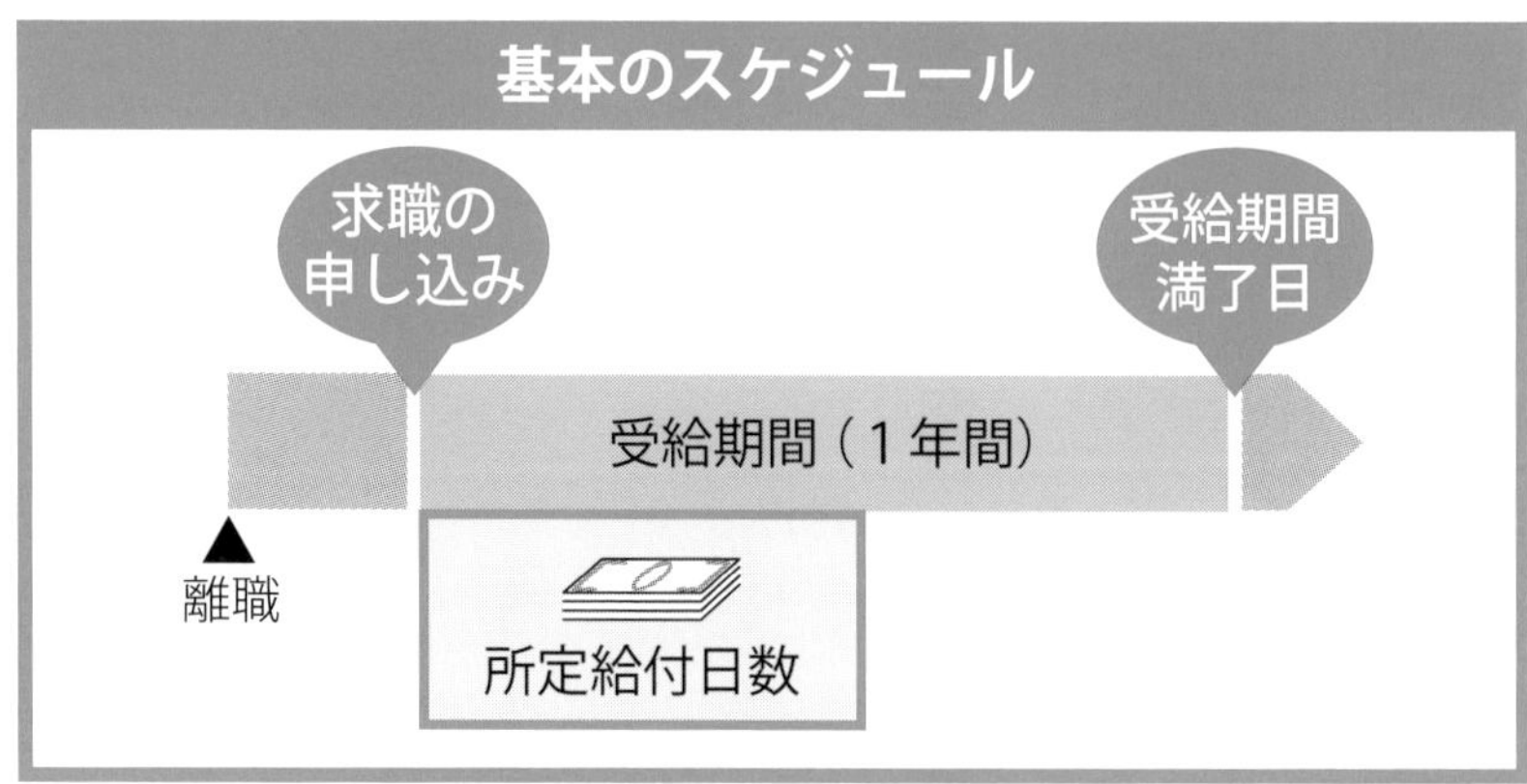

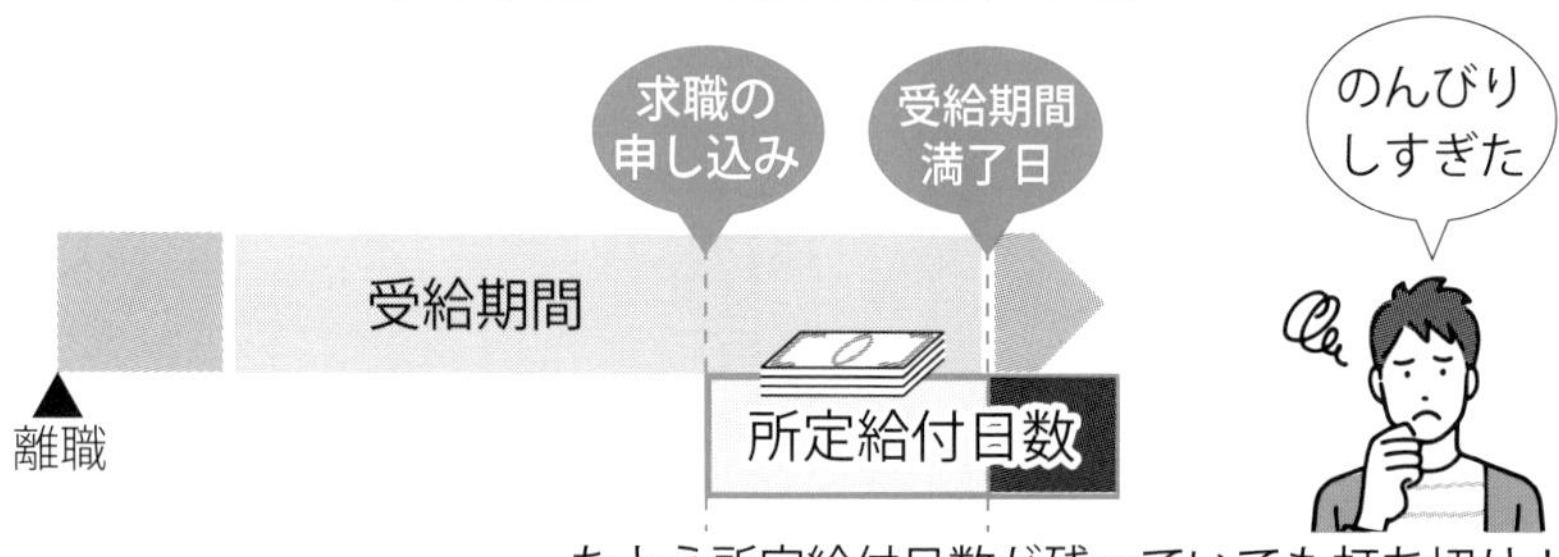

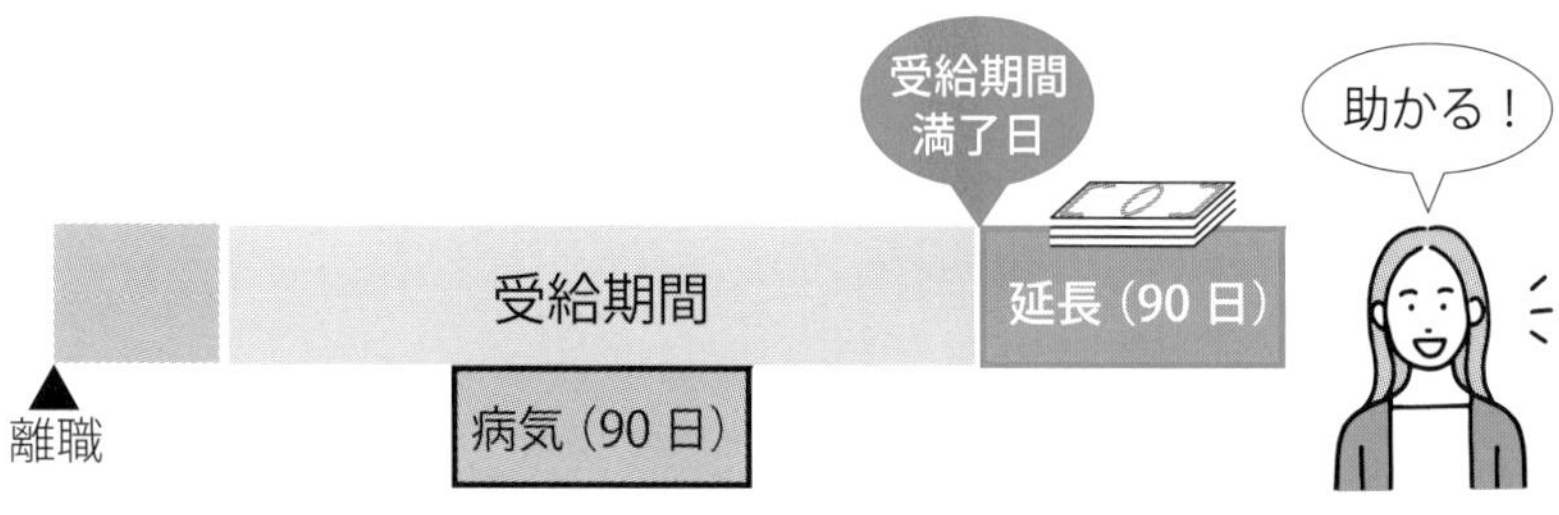

自己都合退職をするときは
2カ月間は無収入を覚悟しておこう

[自己都合退職の場合の給付制限]

基本手当をもらえるのは **退職の２カ月後** から

求職の申し込み	初回 失業認定日	第２回 失業認定日
待期期間（７日）	給付制限期間（２カ月）	

２回目の失業認定日後
１週間程度で
指定した銀行口座に
振り込まれる

[給付制限期間がない人]

特定受給資格者

倒産等により離職した人

特定理由離職者

雇止め等により離職した人

るかもしれませんので注意しましょう。なお、受給期間中に病気やケガ、妊娠、出産、育児等の理由により引き続き30日以上働くことができなくなったときは、受給期間を延長できます。延長できる期間は最大で3年間です。

自己都合退職するとすぐに基本手当をもらえない

会社を自己都合で退職した場合は、2カ月の**給付制限期間**があります。そのため、実際に基本手当を受け取れるのは、ハローワークで求職の申し込みをしてから2カ月後になります。給付制限期間中は、基本手当をあてにできません。従来、給付制限期間は3カ月でしたが、2020（令和2）年10月1日から2カ月に短縮されました。

倒産等によって離職した特定受給資格者、雇止め等によって離職した特定理由離職者には、給付制限がかからないため、すぐに基本手当の支給が開始されます。

2章－4
雇用保険の手続き

雇用保険の受給に必要な書類と流れ

ハローワークでの必要な手続き

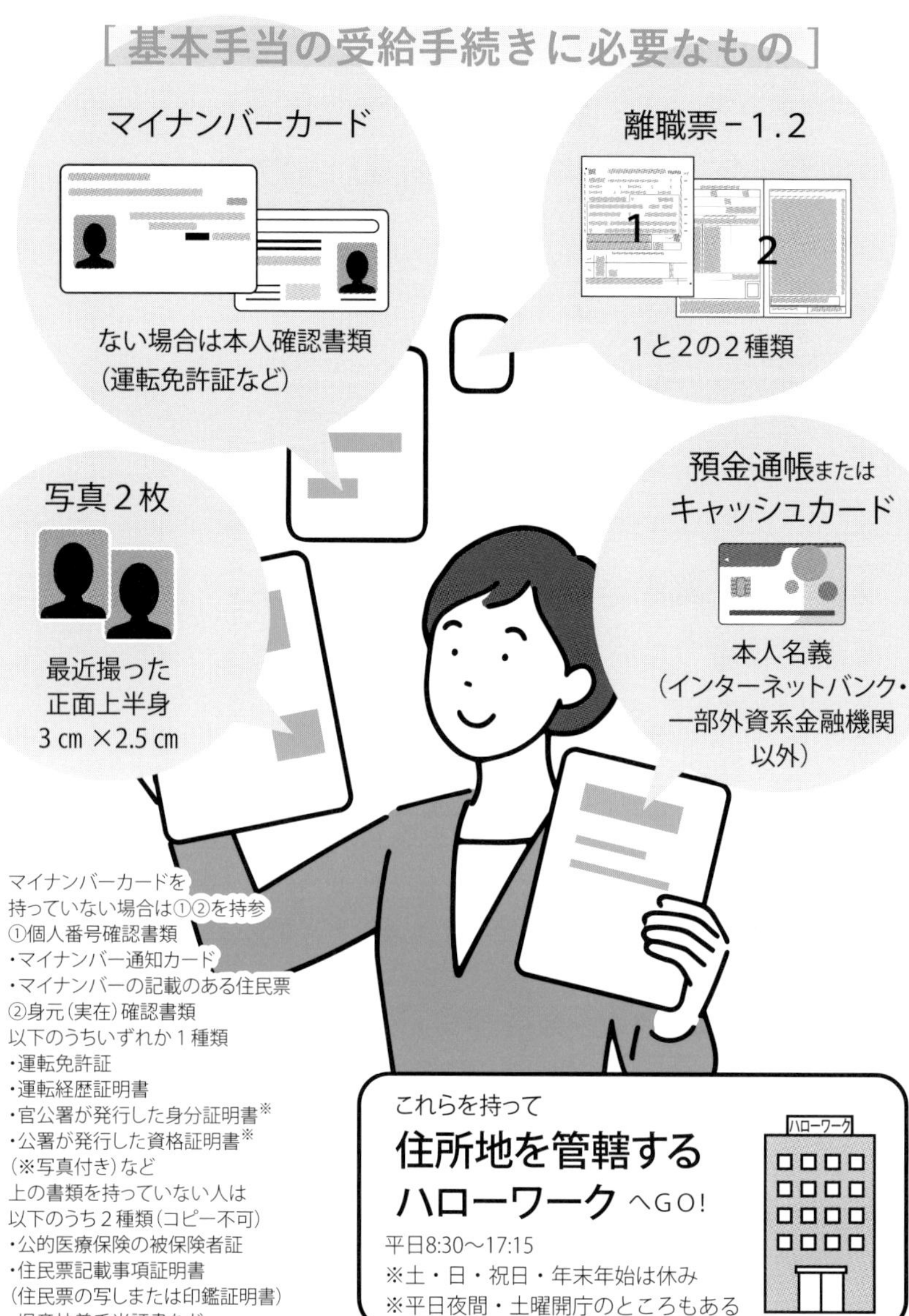

マイナンバーカードを
持っていない場合は①②を持参
①個人番号確認書類
・マイナンバー通知カード
・マイナンバーの記載のある住民票
②身元（実在）確認書類
以下のうちいずれか1種類
・運転免許証
・運転経歴証明書
・官公署が発行した身分証明書※
・公署が発行した資格証明書※
（※写真付き）など
上の書類を持っていない人は
以下のうち2種類（コピー不可）
・公的医療保険の被保険者証
・住民票記載事項証明書
（住民票の写しまたは印鑑証明書）
・児童扶養手当証書など

何はともあれ求職の申し込みをしよう

ここでは基本手当を受給するまでの流れについて説明します。

離職したら、まずは自分の住所地を管轄するハローワークに行き、求職の申し込みをします。

失業の状態にあり、すぐに働ける人は、**基本手当の受給資格の決定**がされ、**雇用保険説明会**の日程を知らされます。

雇用保険説明会では、雇用保険（基本手当）の受給手続きの進め方について説明があるので、必ず出席するようにしましょう。説明会では、**受給資格者証**が手渡され、失業認定日に提出する書類などをもらいます。受給資格の決定を受けた日から7日間を**待期期間**といい、この間

［基本手当受給の流れ］

失業認定は4週間に1回。次回までに2回以上の求職活動が必要

離　職

↓

求職の申し込み・受給資格の決定

↓

雇用保険説明会

↓

待期期間満了（7日間）

↓

給付制限期間（自己都合退職の場合）

↓

失業の認定

※この後、4週間ごとの失業認定日にハローワークに行く

↓

基本手当の支給

雇用保険受給資格者証

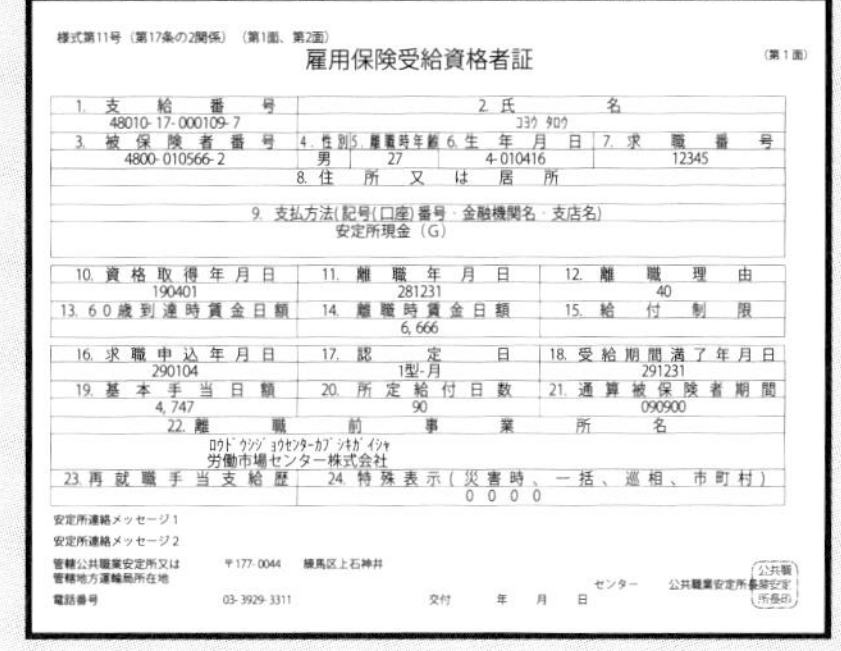

様式第11号（第17条の2関係）（第1面、第2面）

雇用保険受給資格者証

（第1面）

1. 支給番号	2. 氏名			
48010-17-000109-7	ｺﾖｳ ﾀﾛｳ			
3. 被保険者番号	4. 性別	5. 離職時年齢	6. 生年月日	7. 求職番号
4800-010566-2	男	27	4-010416	12345
8. 住所又は居所				
9. 支払方法(記号(口座)番号・金融機関名・支店名)				
安定所現金（G）				

10. 資格取得年月日	11. 離職年月日	12. 離職理由
190401	281231	40
13. 60歳到達時賃金日額	14. 離職時賃金日額	15. 給付制限
	6, 666	
16. 求職申込年月日	17. 認定日	18. 受給期間満了年月日
290104	1型-月	291231
19. 基本手当日額	20. 所定給付日数	21. 通算被保険者期間
4, 747	90	090900
22. 離職前事業所名		
ﾛｳﾄﾞｳｼｼﾞｮｳｾﾝﾀｰｶﾌﾞｼｷｶﾞｲｼｬ 労働市場センター株式会社		
23. 再就職手当支給歴	24. 特殊表示（災害時、一括、巡相、市町村）	
	0 0 0 0	

安定所連絡メッセージ1

安定所連絡メッセージ2

管轄公共職業安定所又は管轄地方運輸局所在地　〒177-0044　練馬区上石神井

電話番号　03-3929-3311　交付　年　月　日　センター　公共職業安定所長

基本手当を受け取れることを証明する書類

の基本手当は支給されません。

なお、待期期間が満了した後に、雇用保険説明会になることもあります。

失業認定日は4週間に1回

失業認定日は、原則として**4週間に1回**です。ハローワークに出向いて、受給資格者証と失業認定申告書を提出します。そして、就労の有無、求職活動の実績などの確認がされ、**失業の認定**を受けます。

失業認定を受けた日数分の基本手当が、指定した金融機関の普通預金口座に振り込まれます。おおむね1週間程度で振り込まれるはずです（振り込みまでの期間は、指定した金融機関によって異なります）。

その後は4週間ごとに設定された失業認定日にハローワークに行くわけですが、**求職活動をしていないと失業認定をしてくれない**ので、まじめに仕事探しをする必要があります。

2章－5

雇用保険の手続き

失業状態から早めに脱出するとごほうびがもらえる
早く再就職すると少しお得

［再就職手当］

基本手当の受給資格がある人が
安定した職業に就いたときは…

ごほうびがもらえる

［支給の要件］

①受給手続き後、７日間の待期期間満了後に就職した

②就職日の前日までの失業認定を受けた上で、基本手当の支給残日数が所定給付日数の３分の１以上ある

③離職前の事業所に再就職していない

④自己都合退職等で給付制限がある人は、求職申し込みをしてから待期期間満了後１カ月の期間内は、ハローワークまたは職業紹介事業者の紹介によって就職したもの

⑤１年を超えて勤務することが確実

⑥原則、雇用保険の被保険者

⑦過去３年以内の就職について、再就職手当の支給を受けたことがない

⑧受給資格決定（求職申し込み）前から採用が内定していた事業主に雇用されたものでない

この８つを
満たせばＯＫ！

雇用保険にある再就職手当とは

雇用保険の失業等給付には、就職促進給付があります。具体的には就業促進手当として、**再就職手当**、**就業促進定着手当**、**就業手当**などが支給されます。

いずれも早期の再就職を促進することを目的とする給付制度なのですが、ここでは**再就職手当**について少し詳しく見ていきたいと思います。

基本手当の支給残日数がどれだけあるか？

再就職手当は、基本手当の受給資格がある人が安定した職業に就いた場合に、**基本手当の支給残日数が所定給付日数の**

所定給付日数を3分の2以上残して再就職すれば、給付率が70%になります

［再就職手当でいくらもらえる？］

再就職手当の金額 ＝ 基本手当日額 × 所定給付日数の支給残日数 × 70%（または60%）

※1円未満の端数切捨て

所定給付日数の**3分の2以上**残して再就職
↓
給付率 **70%**

3分の1以上の場合は**60%**

所定給付日数	支給残日数	
	60%の場合	70%の場合
90日	30日以上	60日以上
120日	40日以上	80日以上
150日	50日以上	100日以上
180日	60日以上	120日以上
210日	70日以上	140日以上
240日	80日以上	160日以上
270日	90日以上	180日以上
300日	100日以上	200日以上
330日	110日以上	220日以上
360日	120日以上	240日以上

基本手当日額5,000円の会社員の場合

基本手当日額 5,000円 / 基本手当の支給残日数 60日 / 所定給付日数 90日

で再就職した場合…
↓
基本手当日額 5,000円 × 支給残日数 60日 × 給付率 70%
↓
210,000円

再就職手当でもらえる額は21万円か

3分の1以上あり、一定の要件に該当する場合に支給されるものです。

支給額は、基本手当日額×給付率×所定給付日数の支給残日数で計算された額になります。

要件がいくつか課されますが、中でも基本手当の支給残日数が所定給付日数の3分の1以上あることが重要です。3分の1以上の日数を残していなければ、再就職手当はもらえません。

失業して基本手当をもらうようになると、所定給付日数分すべてもらってから再就職をしようと考える人もいるでしょう。もちろん、これまで雇用保険の保険料を払っていたわけで、所定給付日数分の基本手当をもらうことは、問題視されるものでもありません。

でも、できるだけ早く次の就職先を探して、再就職手当をもらうことをおすすめしたいです。

再就職手当は、早く再就職すると、給付率が高くなるしくみになっています。早く就職先を決めてしまったからといって、損をすることはありません。

2章－6
雇用保険の手続き

うっかりすると基本手当の額が減る

求職中にアルバイトはできる？

［アルバイトはできる？］

給付制限期間
（2カ月）

基本手当の受給期間

▲
離職

しかし収入が多いと…

基本手当が減る

［収入が多いと基本手当が減額調整される］

基本手当の減額の算定に係る控除額：**1,296円**（令和3年8月1日以後）

（収入－1,296円）＋基本手当 ≦ 賃金日額の**80%** → 全額支給

（収入－1,296円）＋基本手当 ＞ 賃金日額の**80%** → 減額支給
当該を超える額の分だけ基本手当の日額が減額される

（収入－1,296円） ≧ 賃金日額の**80%** → 支給されない

賃金日額が1万4,000円（37歳）の人の場合

1日5,000円 のアルバイトをすると…
↓
14,000円×50%＝7,000円…基本手当日額
（5,000円－1,296円）＋7,000円 ≦ 14,000円×80%
↓
基本手当の日額は全額支給される

待期期間中はNG、でも受給期間中はOK

ハローワークで求職の申し込みをした後の7日間は待期期間です。この**待期期間中は、アルバイトをやってはいけません。**

そもそも待期期間とは、ハローワークが「この人は本当に失業しているのか？」を判断する期間であり、離職理由を問わず、すべての人に一律に適用されるものです。

待期期間中に働いてしまったら、就職したものとみなされて、基本手当の受給ができなくなってしまうので注意しましょう。

待期期間を過ぎると、アルバイトができるようになります。自己都合退職の場合は、2カ月の給付制限がかかりますが、

アルバイトをしたら正直に申告すること。
不正受給は絶対にやめよう！

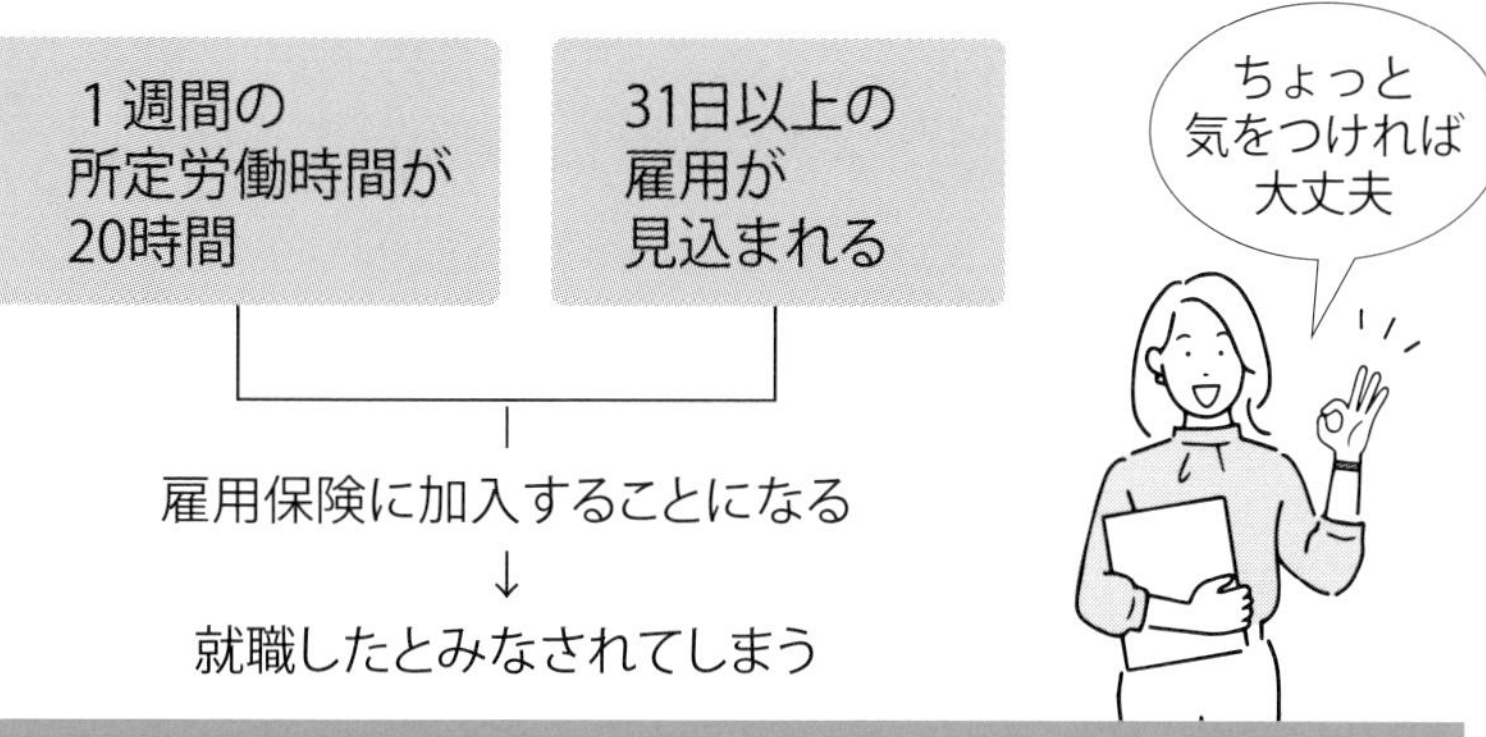

雇用保険に加入することになる
↓
就職したとみなされてしまう

ちょっと気をつければ大丈夫

アルバイトは週20時間未満に抑えよう

［アルバイトや内職収入の申告のしかた］

失業認定申告書をハローワークに提出する

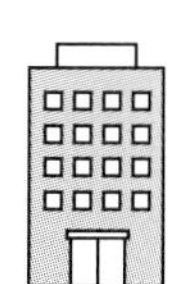

書き方例

（…関係）（第1面）　失業認定申告書
（必ず第２面の注意書きをよく読んでから記入してください。）
※ 帳票種別 11203

1 失業の認定を受けようとする期間中に、就職、就労又は内職・手伝いをしましたか。	ア した　就職又は就労をした日は○印、内職又は手伝いをした日は×印を右のカレンダーに記入してください。 イ しない	7月	8月

2 内職又は手伝いをして収入を得た人は、収入のあった日、その額（何日分か）などを記入してください。	収入のあった日 7月31日	収入額 10,000円	何日分の収入か 2日分
	収入のあった日 月 日	収入額 円	何日分の収入か 日分
	収入のあった日 月 日	収入額 円	何日分の収入か 日分

3 失業の認定を受けようとする期間中に、求職活動をしましたか。
(1) 求職活動をどのような方法で行いましたか。

求職活動の方法	活動日	利用した機関の名称	求職活動の内容

（あてはまるものに○をつけ、必要なことがらを…）

この**給付制限期間はアルバイトが認められています。**

ただし、アルバイトの時間数や日数等について、**必ずハローワークで確認してから働くようにしましょう。**

基本手当の受給期間中は、失業認定日にきちんと申告をすればアルバイトをしても大丈夫。

なお、**収入が多くなると基本手当が減額調整されます。**そして、週20時間以上のアルバイトは、就職とみなされてしまうので働き過ぎには要注意です。

不正受給には3倍返しのペナルティー

アルバイト等の収入があったにもかかわらず、申告をしないで、後になって発覚した場合は**不正受給**とみなされます。

不正受給と判断された日から支給停止となり、さらに返還命令、納付命令がなされ、実に不正受給した分の3倍返しの重いペナルティーを受ける可能性があります。きちんと申告しましょう。

2章－7
雇用保険の手続き

在職中でも受けられる

教育訓練給付でスキルアップ

積極的に活用したい教育訓練給付

雇用保険の保険給付には、失業しなくても（在職中でも）受けられるものがあります。ここで紹介する教育訓練給付もその一つです。

教育訓練給付制度（一般教育訓練）とは、一定の条件を満たした人（雇用保険の被保険者）が厚生労働大臣の指定する講座を受講し修了した場合に、支払った学費の20％（最大10万円）がハローワークから支給されるものです。

在職者は支給要件期間が**3年以上**（初回に限り1年以上）ある人が対象です。

離職者でも、離職日の翌日以降、受講開始日までが1年以内であり、かつ支給要件期間が3年以上（初回に限り1年以

［教育訓練給付金とは］

厚生労働大臣の指定する講座を受講し修了すると

支払った学費の20％（最大10万円）が

ハローワークから支給される

支給対象者

雇用保険の被保険者

［離職者］
離職日の翌日以降
受講開始日までが
1年以内
＋
支給要件期間が
3年以上ある※

［在職者］
支給要件期間が
3年以上ある※

※初回に限り
1年以上

［講座を探す］

「**教育訓練講座検索**」で検索

https://www.kyufu.mhlw.go.jp/kensaku/

・資格関連
・情報関係
・技術関係
・社会福祉
・保健衛生関係
その他いろいろ

教育訓練給付は〝修了〟することが支給の条件。最後までやり遂げること！

［支給申請の手続きに必要なもの］

- ☑ 教育訓練給付金支給申請書
- ☑ 教育訓練修了証明書
- ☑ 領収書
- ☑ 本人・住居所確認書類※1
- ☑ 教育訓練経費等確認書
- ☑ 払渡希望金融機関の通帳またはキャッシュカード
- ☑ 1. マイナンバー確認書類※2
  2. 身元（実在）確認書類※3
- ☑ キャリアコンサルティングの費用の支給を申請する場合は…
  「キャリアコンサルティングの費用に係る領収書」「キャリアコンサルティングの記録」「キャリアコンサルティング実施証明書」

※1　官公署が発行する証明書。具体的には、運転免許証、マイナンバーカード、住民票の写し、雇用保険受給資格者証、国民健康保険被保険者証、印鑑証明書のいずれか（コピー不可）。
※2　マイナンバーカード、通知カード、マイナンバーの記載のある住民票の写しのいずれか（コピー不可）。
※3　マイナンバーカード、運転免許証、官公署が発行する身分証明書・資格証明書（写真付き）など（コピー不可）。

上）ある人は、対象になります。

どちらも、初回に限り入社2年目以降、比較的活用しやすい制度といえます。

教育訓練給付は、正社員に限らず、契約社員や派遣社員などの非正規雇用であっても、雇用保険に加入している期間が条件を満たしていれば利用できます。

やりたい講座を見つけて受講スタート

前述のように、教育訓練給付制度の対象となる講座は厚生労働大臣が指定した講座です。現在は、多種多様な講座が指定されています。

学習スタイルも通学（昼間・夜間・土日）や通信、eラーニングなど、自分に合った学び方が可能です。

現在、指定されている講座については、厚生労働省ホームページの「教育訓練講座検索システム」から検索できます。

学ぶことを通じて、スキルアップや資格取得につなげましょう。

退職の数カ月前から準備しておきたい

60歳以上の雇用保険はどうなる？

雇用保険は何歳まで入れる？

もしも万一、失業した場合に頼りになるのが雇用保険ですが、雇用保険は何歳まで加入できるかご存じですか？

平成29年1月1日より、65歳以上の労働者も高年齢被保険者として、雇用保険の適用対象となりました。

この雇用保険の適用拡大によって、現在は事実上年齢の上限がなく、**65歳以上の人でも適用要件を満たす限り、雇用保険への加入が必要**になっています。

適用要件は、次の2つです。

①週の所定労働時間が20時間以上
②31日以上の雇用見込みがあること

60歳以上の労働者は、アルバイト・パートなどの就労になる人も多いと思われま

[60歳以上の雇用保険]

64歳までは一般被保険者、65歳以上は高年齢被保険者

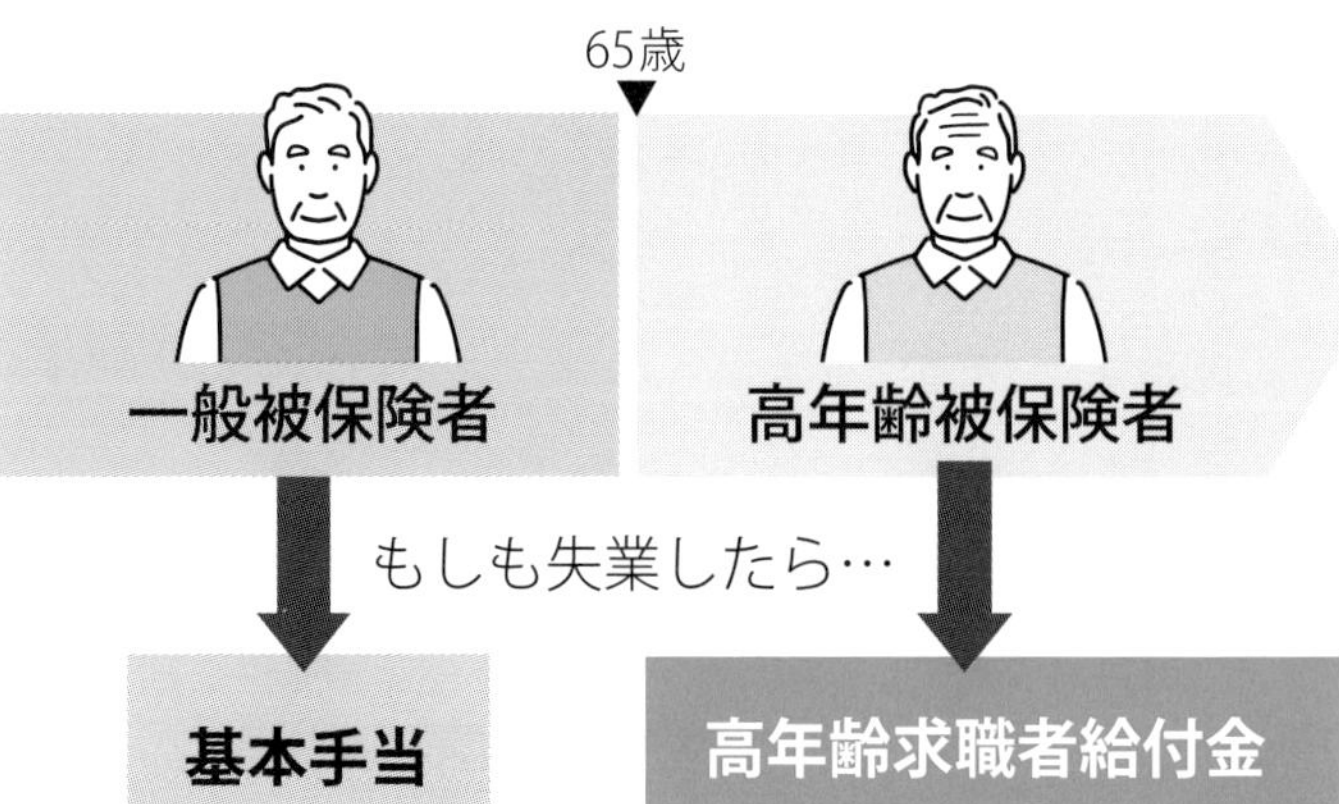

例えば
1年以上勤めていた勤務先を
退職した場合

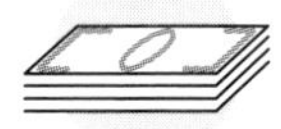

基本手当日額 × 50日

被保険者であった期間	基本手当の日額に乗じる日数
1年未満	30日
1年以上	50日

[パートやアルバイトはどうなる？]

いずれの要件を満たせば雇用保険の被保険者になる

①1週間の所定労働時間が20時間以上

②31日以上引き続き雇用されることが見込まれる

短時間労働者でも週20時間以上働いていれば雇用保険に加入できます

[高年齢雇用継続給付は２種類ある]

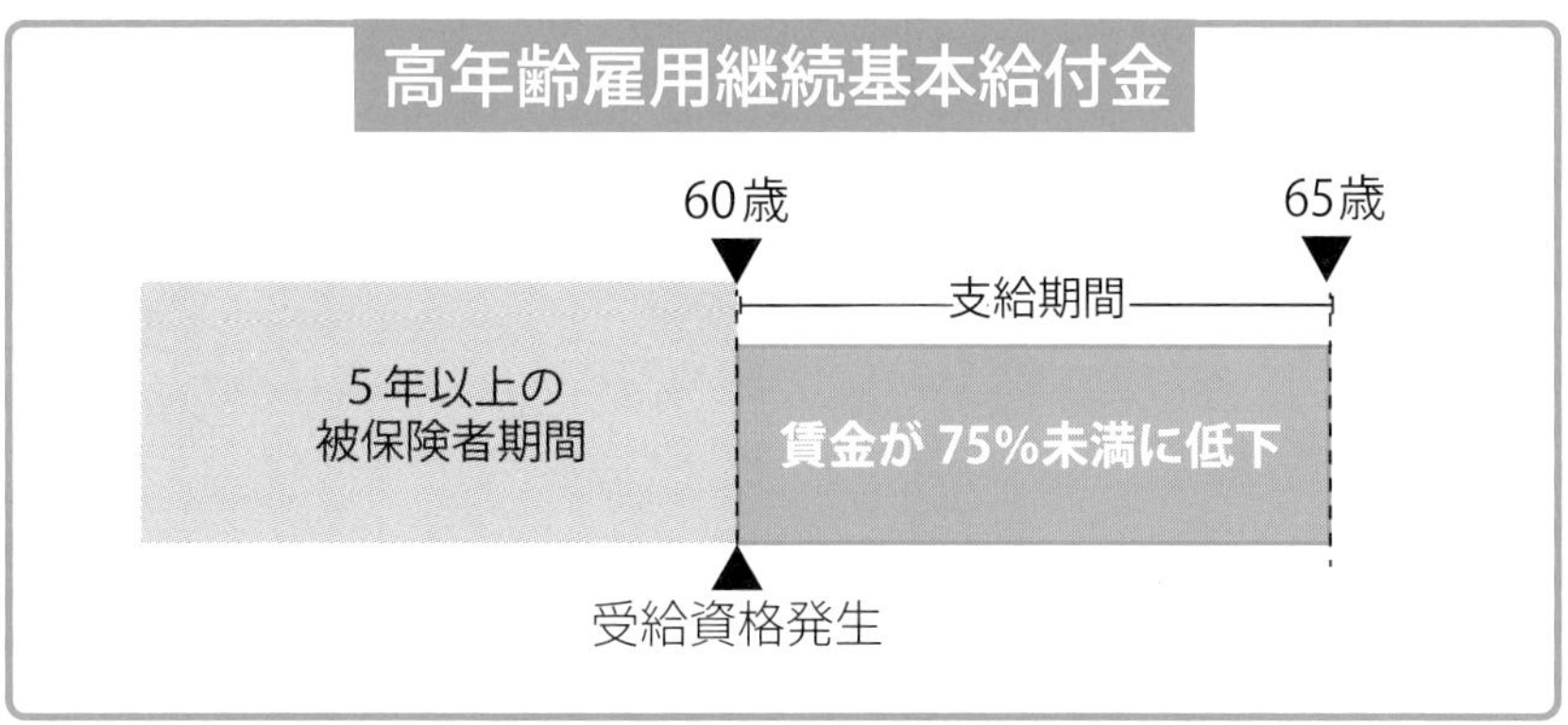

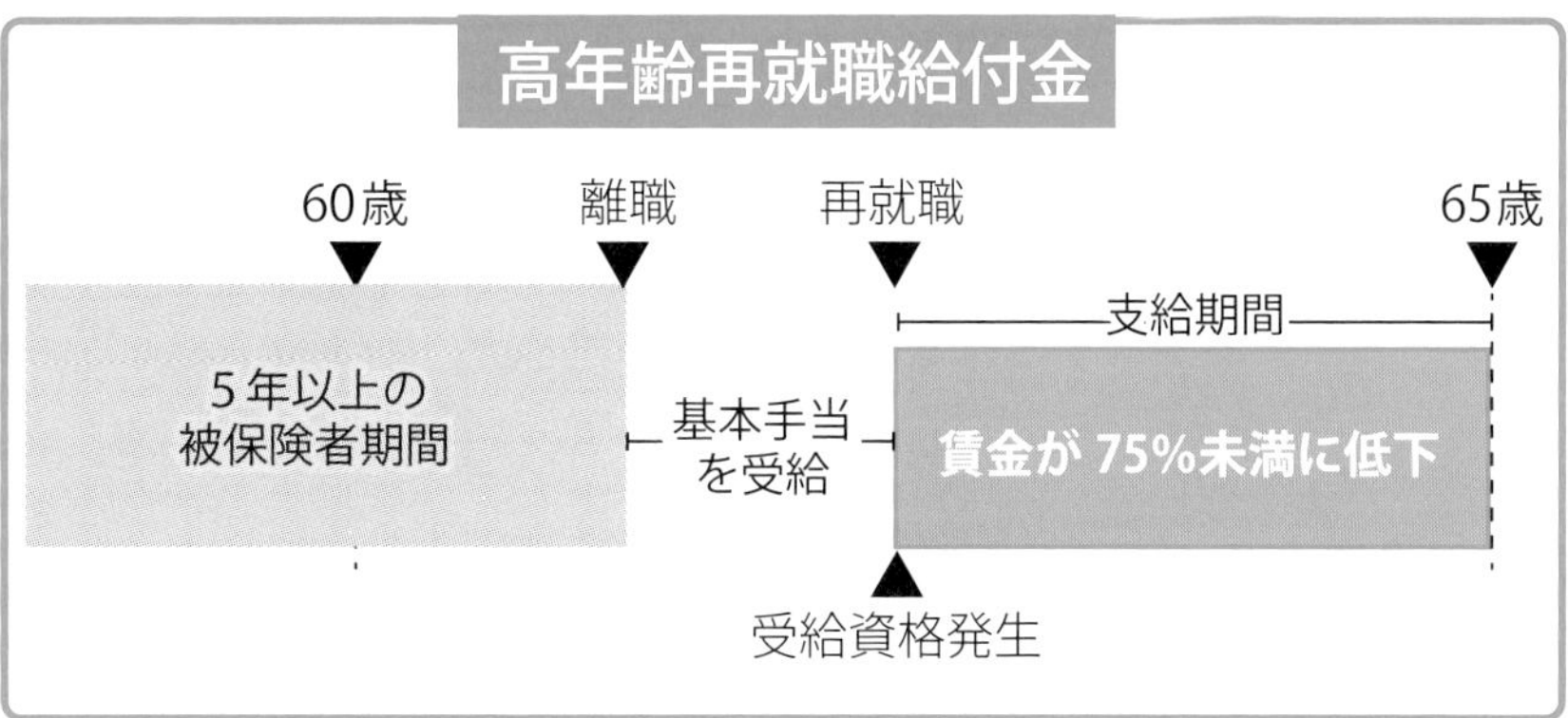

条件　再就職した日の前日における**基本手当の支給残日数が100日以上**あること

つまり

基本手当をすべてもらってしまった人には高年齢再就職給付金は支給されない

すが、週20時間労働の要件をクリアすれば、雇用保険に加入できるので、もしものときも失業等給付がもらえます。

賃金がダウンしたときにもらえるお金

老齢年金の支給開始年齢である65歳まで働く人が増えていますが、60歳以降の継続雇用では、多くの会社では賃金の引き下げが行われています。

賃金がダウンした場合は、雇用保険の**高年齢雇用継続給付**を活用できます。

高年齢雇用継続給付は、**60歳到達時点に比べて賃金が75%未満に低下した状態で働き続ける60歳以上65歳未満の一定の者**に対して支給される給付金です。

65歳までの雇用の継続を援助、促進を目的とした給付制度ですので、賃金の目減り分を補てんできます。

ハローワークでの支給申請等の手続きは、事業主を経由して行うことになっています。面倒な手続きは勤務先に任せておけば大丈夫です。

Q パート・アルバイトでも失業保険はもらえる？

A 雇用保険に加入していれば、失業等給付（基本手当）が受けられます。

パートやアルバイトという働き方をしている人が雇用保険の被保険者になるには、次のような条件を満たしている必要があります。

①1週間の所定労働時間が20時間以上

②同一の事業主の適用事業に継続して31日以上雇用されることが見込まれる

ポイントは「1週間に20時間以上働いているか？」

基本手当をもらうには"働く意思と能力"が問われる

基本手当をもらえる条件や受給までの流れは、基本的に正社員が離職した場合と同じです。

・離職の日以前2年間に被保険者期間が通算して12カ月以上あること
・ハローワークで求職の申し込みを行って「働く意思と能力」があると認められること

この2つがなければ、基本手当を受給できません。

自己都合退職には2カ月の給付制限期間があるのも同じです。

安易に会社をやめてしまうと2カ月間は無収入になることを覚悟した上で、退職届の提出をするようにしましょう。

Q 有給休暇を使い切れますか？

A 退職者の有休の買い上げはできますが、会社が応じるとは限りません。

有給休暇の有効期間は2年とされています（2年で時効消滅）。現在は、年5日の有給休暇の取得が義務付けされているとはいえ、勤続年数が長い人の中には未消化の有給休暇が残っている人が結構います。残りの有給休暇日数を計算した上で、タイミングよく退職届を提出することが考えられますが、退職直前で何日間も休むのは、仕事の引継ぎなど後任者への負担を考えると、何となくはばかられるものです。

なお、退職者の有給休暇を退職時に買い上げることは違法ではありません。ただし、会社が買い上げる義務を負っているわけではないので注意が必要です。

会社が有給休暇を買い上げる義務を負っているわけではないので注意

[年次有給休暇]

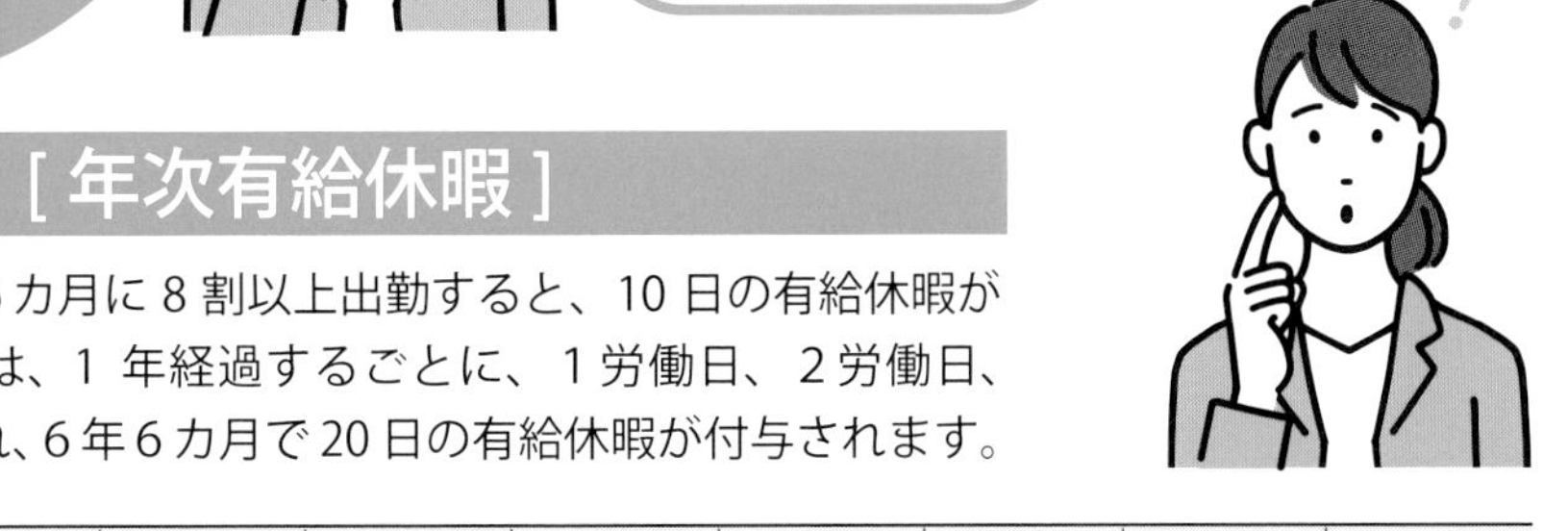

会社に入って最初の６カ月に８割以上出勤すると、10日の有給休暇がもらえます。その後は、１年経過するごとに、１労働日、２労働日、４労働日…が加算され、６年６カ月で20日の有給休暇が付与されます。

勤続年数	6カ月	1年6カ月	2年6カ月	3年6カ月	4年6カ月	5年6カ月	6年6カ月
付与日数	10日	11日	12日	14日	16日	18日	20日

パートやアルバイトなど労働時間が短い人…比例付与という形で年次有給休暇が付与される

週所定労働日数	年間所定労働日数	勤続年数						
		6カ月	1年6カ月	2年6カ月	3年6カ月	4年6カ月	5年6カ月	6年6カ月
4日	169～216日	7日	8日	9日	10日	12日	13日	15日
3日	121～168日	5日	6日	6日	8日	9日	10日	11日
2日	73～120日	3日	4日	4日	5日	6日	6日	7日
1日	48～72日	1日	2日	2日	2日	3日	3日	3日

[会社が倒産したら]

「企業の寿命は30年」説は本当か？

新型コロナウイルス関連倒産が増えています。帝国データバンクによると、新型コロナウイルス関連倒産（法人および個人事業主）は、全国で2,466件。そのうち法的整理は2,297件（破産2182件、会社更生法2件、民事再生法84件、特別清算29件）、事業停止は169（2021年12月1日16時点）。

企業の寿命は30年とよくいわれますが、これって本当でしょうか？

コロナ前のデータである東京商工リサーチ2017年「業歴30年以上の『老舗』企業倒産」調査では、2017年に倒産した企業の平均寿命は23.5年だったといいます。

こうした数値を見る限り、企業の寿命は30年どころか、もっと短命なのかもしれません。自分の勤め先がいつまでも安泰とは限らないと思っておいた方がよさそうです。

未払賃金立替払制度で 未払給与等の8割は立替払いされる

勤務先が倒産した場合、いちばん心配なのは給与等が支払われるかということでしょう。一般的に倒産といってしまいますが、倒産処理には法律上の倒産手続き（破産・民事再生・会社更生）と任意整理があります。いずれの倒産処理においても給与等の労働債権は、ほかの一般債権よりも優先順位が上位になります。しかし抵当権等の被担保債権には劣後するなど、給与等の支払いが困難になることも少なくありません。

倒産等のため給与等の未払いが発生した場合は、未払賃金立替払制度があります。この制度は使用者が1年以上事業活動を行っていたこと、倒産したこと等の要件を満たした場合に、立替払いを受けることができるものであり、全国の労働基準監督署および独立行政法人労働者健康安全機構が実施しているものです。

ただし、立替払いの額は未払賃金の8割。退職時の年齢に応じて88万円～296万円の範囲で上限が設定されています。100%の支払いが受けられる制度ではありません。

3章

健康保険の手続き

3章－1
健康保険の手続き

会社をやめたら切り替えが必要
退職後の選択肢は3つ

［退職後の医療保険］

会社をやめると
健康保険の被保険者資格を喪失する

①
健康保険の任意継続被保険者になる

一定の要件を満たせばＯＫ

②
国民健康保険に加入する

自営業を始める人はこれ
（44～45ページ）

③
家族の健康保険の被扶養者になる

会社員の妻の被扶養者になる等

健康保険の任意継続制度

会社勤めをしているときは、**健康保険**の被保険者でありますが、退職すると当然のことながら、この被保険者資格を喪失します。

わが国は、国民皆保険制度であるため、原則としてすべての国民は何らかの医療保険に加入しなければなりません。

そして、会社を退職した場合の選択肢は、３つあります。

この選択肢とは、すなわち上記の３つです。

このうち③健康保険の被扶養者は、配偶者や子どもなど、家族が加入している健康保険の被扶養者になることです。被扶養者になれば保険料を負担する必要が

退職前の被保険者期間が2カ月以上あれば、任意継続被保険者になれます

[健康保険の任意継続被保険者になる]

要件　これらのすべての要件を満たす人が加入できる

退職などにより健康保険の被保険者資格を失った	資格喪失日の前日（退職日）までに継続して2カ月以上被保険者だった	資格喪失日から20日以内に加入していた組織（保険者）に申し出る※

※健保組合もしくは協会けんぽの都道府県支部など

メリット
家族を健康保険の被扶養者にできる
家族が増えても保険料が上がらない

ただし…
・加入できるのは最長２年間
・任意にやめることはできない
・就職して他の被保険者資格を取得したときは資格を失う

[家族の健康保険の被扶養者になる]

要件　両方を満たす人が加入できる

年間収入が130万円未満※	被保険者の年間収入の２分の１未満

※認定対象者が60歳以上または障害厚生年金を受けられる程度の障害者の場合は180万円未満

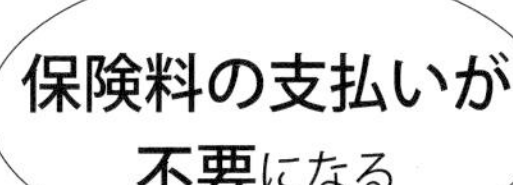

ないため、可能であれば、優先して検討したい選択肢となります。

任意継続被保険者のメリット

退職した後、多くの人が選ぶのは**任意継続被保険者**です。

任意継続被保険者は、文字どおり、在職中に加入していた健康保険に引き続いて〝任意に〟加入できる制度であり、家族を被扶養者にできるなどのメリットがあります。

ただし、任意継続被保険者の保険料は、**会社員時代の2倍の負担**になります。これは労使折半で会社が負担していた保険料がなくなるためです。

手続きは、退職後20日以内に健康保険組合もしくは協会けんぽの都道府県支部で行います。遅れることのないように！

なお、任意継続被保険者は、最長で2年間継続して加入できます。いつまでも加入できる制度ではありません。

3章－2
健康保険の手続き

退職後に自営業を始める人は…国民健康保険に加入する

［国民健康保険］

条件 他の制度の対象でないすべての人

退職後… 家族の健康保険の扶養になれない人
健康保険の任意継続被保険者になれない人など

届け出は**退職後14日以内**に行う

［健康保険の任意継続と国保、どちらを選ぶ？］

健康保険の任意継続	国民健康保険
会社負担がなくなるため保険料の負担が２倍になる	家族全員分の保険料を支払う必要がある

自分にとってお得なのはどちらか
あらかじめ考えておこう

国保の加入手続きは14日以内に行う

略して「国保（こくほ）」と呼ばれることが多い国民健康保険は、健康保険などの職域保険に属さない人を対象とした地域保険です。

42〜43ページで説明したように、退職後の医療保険は自分で選ぶわけですが、健康保険の任意継続被保険者になれない、家族の健康保険の扶養になれないようなケースでは、国民健康保険を選択することになります。

国民健康保険の加入手続きは、**退職後14日以内**に、住所地の市区町村役場の国民健康保険課、保険年金係等の窓口で行います。また、会社をやめると、**国民年金の加入手続き**も必要になります。こち

国保か任意継続か、
世帯の保険料合計額が安い方を選ぼう

[健康保険と国民健康保険の比較]

健康保険		国民健康保険
[病気・ケガ] 療養の給付 療養費・高額療養費 傷病手当金★ 入院時の食事・生活療養費 保険外併用療養費 訪問看護療養費 高額介護合算療養費 家族訪問看護療養費 移送費 家族の療養・移送費 [死亡] 埋葬料（費） 家族埋葬料 [出産] 出産育児一時金 出産手当金★ 家族出産育児一時金	保険給付	[病気・ケガ] 療養の給付 療養費・高額療養費 入院時の食事・生活療養費 保険外併用療養費 訪問看護療養費 高額介護合算療養費 特別療養費 移送費 [死亡] 葬祭費（葬祭の給付） [出産] 出産育児一時金
11.64%を労使折半★ ※令和３年３月分～ ※協会けんぽ（東京都）：介護保険第２号被保険者に該当する場合	保険料	前年の所得に基づいて計算される ※算定方法や保険料率は市区町村によって異なる
（家族負担） 70 歳未満：３割 70 歳以上：２割 ※小学校就学前は２割	負担割合	（自己負担） 70 歳未満：３割 70 歳以上：２割 ※70歳以上でも現役並み所得者は３割 ※小学校就学前は２割

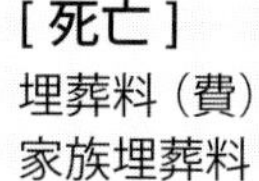

世帯単位で考えられている

★傷病手当金、出産手当金は任意継続被保険者には支給されない。保険料も事業主負担がなくなるため、全額自己負担となる。

らの手続きも退職後14日以内となっていますので、忘れることのないように。

国保か任意継続か？

国民健康保険の保険料は、同一世帯の被保険者の人数・年齢と前年の所得金額をもとに**世帯単位**で計算されます。退職前の給与が高い人は、保険料の負担が重くなります。

また、国民健康保険には、扶養という概念がないため、**同居している家族も全員が被保険者**となり、それぞれ保険料を支払う必要があります。

任意継続被保険者を選んだ場合は、従来の保険料の2倍になりますが、**国保の保険料負担に比べたら安上がりで済むケースがほとんど**だと思われます。

自治体のホームページなどには、簡易計算表などが用意されていて国民健康保険料の試算ができるところもあるので、実際どれくらいの金額になるのか把握した上で、任意継続被保険者制度と比較してみるといいでしょう。

傷病手当金・出産手当金は退職後も受けられる
退職後も受給できる保険給付

保険給付には現物給付と現金給付がある

健康保険の保険給付といったら、どんなものをイメージしますか？

たいていの人は、病気やケガをしたときに医療機関を受診して、窓口で3割負担の一部負担金を支払う姿を思い浮かべるのではないでしょうか。これは被保険者の傷病に関する保険給付のうちの**「療養の給付」**と呼ばれるものであり、治療行為や薬などの現物給付が行われます。

療養の給付以外にも、健康保険の保険給付はいろいろと用意されていて（45ページ参照）、中には傷病手当金や出産手当金のような〝お金がもらえる〟〝現金給付〟もあります。

［保険の給付］

現物給付

療養の給付 など

現金給付

出産手当金

出産の日以前42日～出産後56日までの間に労務に服さなかった期間支給される

出産育児一時金

１児につき42万円
（協会けんぽの場合）

傷病手当金

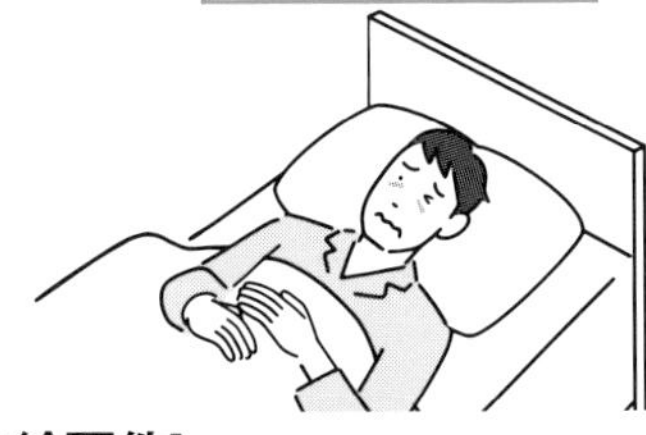

[支給要件]
①療養のためであること
②労務に服することができないこと
③継続した３日間の待期を満たしていること

[支給額]
１日あたりの月給の約３分の２※

※１日につき、傷病手当金の支給を始める日の属する月以前の直近の継続した12カ月間の各月の標準報酬月額を平均した額の30分の１に相当する額の３分の２に相当する金額。

［退職後の継続給付の条件］

①

被保険者の資格を喪失した日の前日まで１年以上引き続き被保険者であったこと

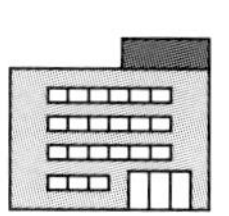

②

被保険者の資格を喪失した際に、傷病手当金または出産手当金の支給を受けていること

［手当を受け取れる期間］

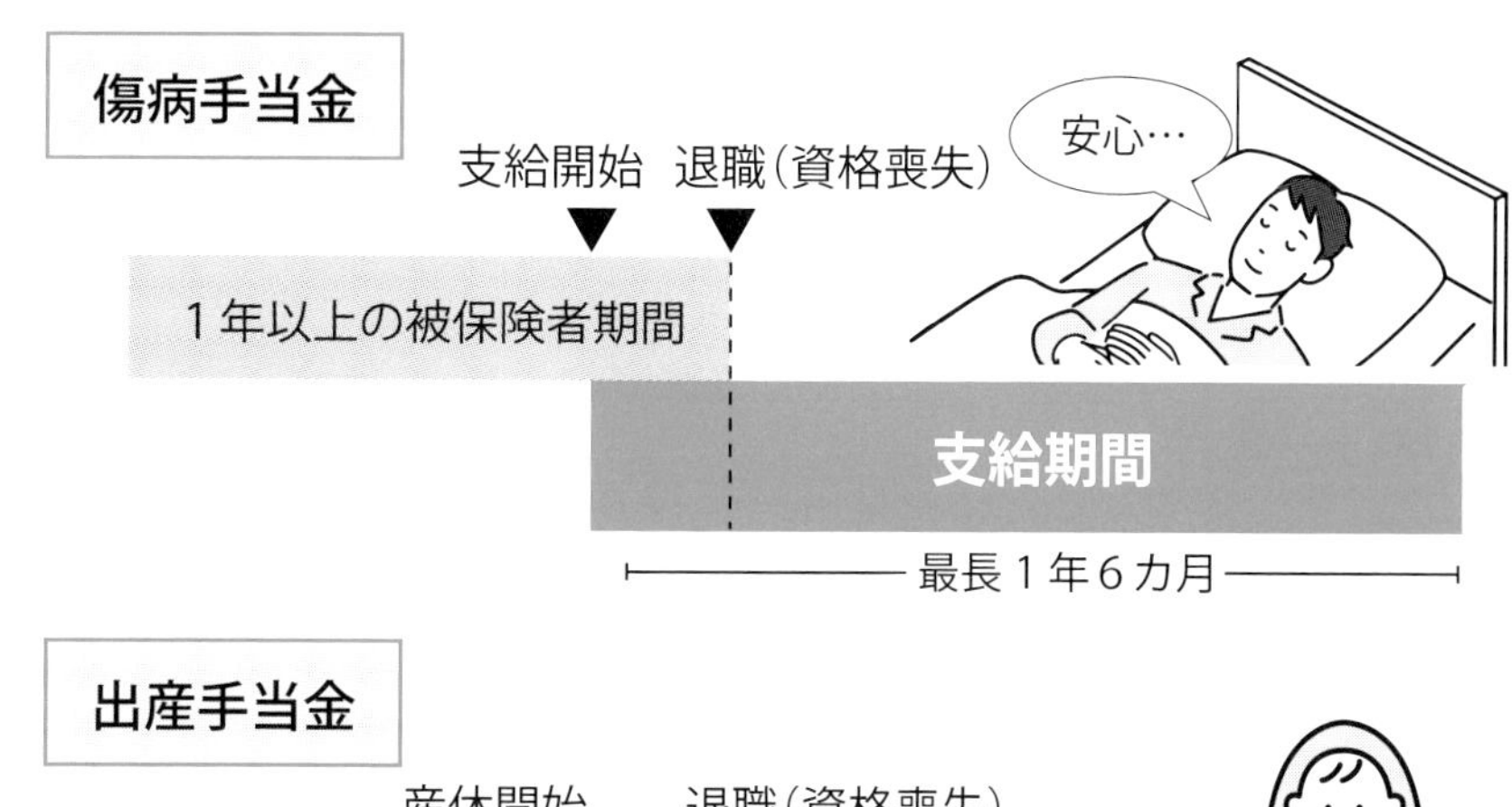

退職（資格喪失）後に病気の治療が続いても、しばらくは安心

退職したからといって支給がストップするわけではない

傷病手当金は、被保険者（本人）が業務外の病気やケガの治療のために働くことができず、給与をもらうことができないときに、本人と家族の生活のために支給されるものです。

出産手当金は、被保険者が出産のため会社を休み、給与をもらうことができないときに、出産の日以前42日間、出産の日の翌日から56日間の期間内で、仕事に就かなかった日について支給されます。

どちらも休んでいる間の生活保障、所得保障といった性格の手当金です。

傷病手当金（出産手当金）を受給中に、会社を退職することになった場合でも、いくつかの要件を満たすことで、退職後の期間についても引き続いてもらうことができます。

また**出産育児一時金**についても、１年以上被保険者であった人が、退職後６カ月以内に出産をしたときは支給されます。

3章－4
健康保険の手続き

もし大きな病気をしたら…
知っておきたい高額療養費制度

高額療養費の基本的なしくみ

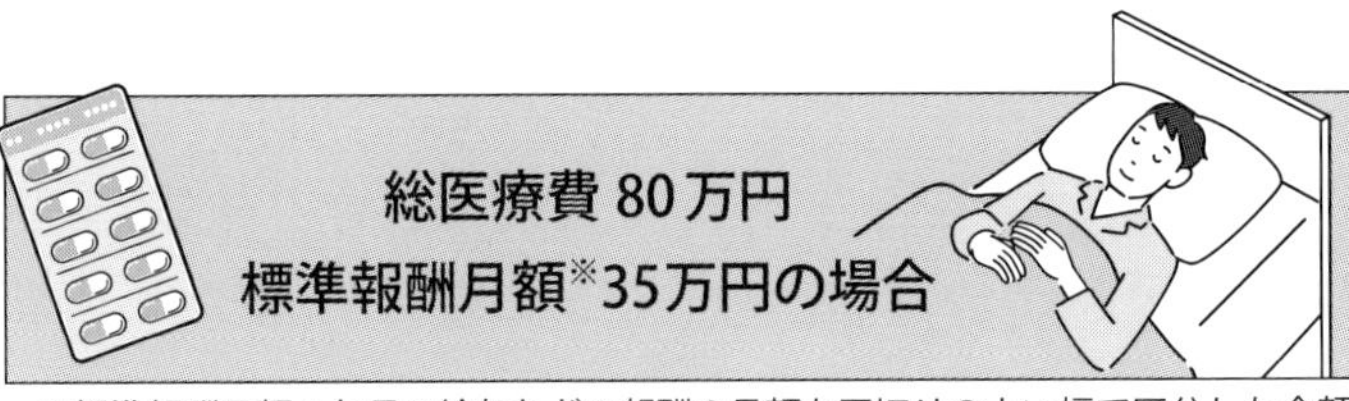

※標準報酬月額：毎月の給与などの報酬の月額を区切りのよい幅で区分した金額。

健康保険で負担してくれる

7割 療養の給付	56万円
3割 窓口での負担	24万円

高額療養費制度を利用すれば…

後日払い戻しされる

高額療養費	15万4,570円
自己負担限度額	8万5,430円※

※左ページ図中・80,100円＋（800,000円－267,000円）×１％

実質的な自己負担額は **8万5,430円！**

医療費が高額になったら払い戻しがある

いくつかある健康保険の保険給付のうち、もう一つ確認しておきたいものに**高額療養費**があります。

高額療養費とは、**医療機関や薬局の窓口で支払った額が、同一の月で上限額を超えた場合に、その超えた金額を支給する制度**です。

要するに、自己負担額が高額になった場合、一定の自己負担額を超えた部分が払い戻されるしくみです（自己負担の限度額は年齢や所得によって異なります）。

健康保険の高額療養費は、在職中はもちろん、任意継続被保険者も在職中の保

高額療養費制度があるので医療費の心配を過度にする必要はない！

［医療費は合算できる］

被保険者またはその被扶養者が
同一の月にそれぞれ同一の医療機関で受診した場合

自己負担額は世帯で合算できる

※70 歳未満の人が合算できる自己負担額は2万1,000円以上のものに限る

［自己負担限度額］

所得などによって設定される

70 歳未満の場合

標準報酬月額	高額療養費算定基準額
83 万円以上	25 万 2,600 円＋ （総医療費－84 万 2,000 円）×1%
53 万円以上 83 万円未満	16 万 7,400 円＋ （総医療費－55 万 8,000 円）×1%
28 万円以上 53 万円未満	8 万 100 円＋ （総医療費－26 万 7,000 円）×1%
28 万円未満 （下記を除く）	5 万 7,600 円
低所得者 （市区町村民税の非課税者等）	3 万 5,400 円

険給付と同様の給付を原則としているため対象となります。

民間の医療保険は不要かも？

失業中は、経済的な不安と並んで健康に対する不安も小さくないでしょう。

大病を患って手術をしたり、入院をしたりして、多額の医療費の支払いが発生しても、高額療養費があるため、実質的な医療費負担はそれほど大きくなりません。

国民健康保険にも保険給付の一つとして高額療養費があり、金額についても健康保険とほぼ同様になっています。

お金の専門家であるFP（ファイナンシャルプランナー）の中には、高額療養費があるので、ある程度の預貯金があれば、民間の医療保険に加入する必要はないという人もいます。

それくらい公的な医療保険は、結構頼りになるということでしょう。国民皆保険って素晴らしいです。

3章－5
健康保険の手続き

高齢期の医療保険はどうなる？

健康保険に入れるのは74歳まで

［パート・アルバイトの社会保険加入］

フルタイム勤務者

短時間労働者
（パート・アルバイト）

①1週間の所定労働時間が同一の事業所に使用される通常の労働者の1週間の所定労働時間の…

②1月間の所定労働日数が同一の事業所に使用される通常の労働者の1月間の所定労働日数の…

4分の3以上

社会保険（健康保険・厚生年金保険）に加入

〈例えば…〉

通常の労働者		短時間労働者
1週間40時間労働（8時間×5日など）	の場合	40時間×3/4＝30時間
1月間21日出勤		21日×3/4≒15.75日

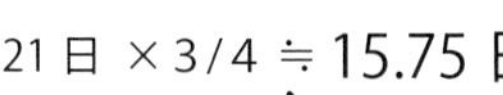

この場合は
1週間30時間労働・
1月間の所定労働日数が16日以上程度
働いていればOK！

パート・アルバイトでも社会保険に加入できる

現在、多くの会社では60歳定年もしくは65歳定年を設定しているところがほとんどです。65歳未満の定年を定めた会社でも、従業員の希望に応じて引き続き雇用する継続雇用制度が導入されていて、やはり多くの人は65歳まで働きます。65歳は、老齢年金（老齢基礎年金・老齢厚生年金）の支給が始まる年齢であることから、この年齢になるまでは働いて収入を得る人が多いわけです。

60歳を過ぎてもフルタイム勤務の人はもちろんのこと、パート・アルバイトのような働き方をしている人でも、一定の要件を満たすことで、社会保険（健康保険・厚生年金保険）に加入します。いわ

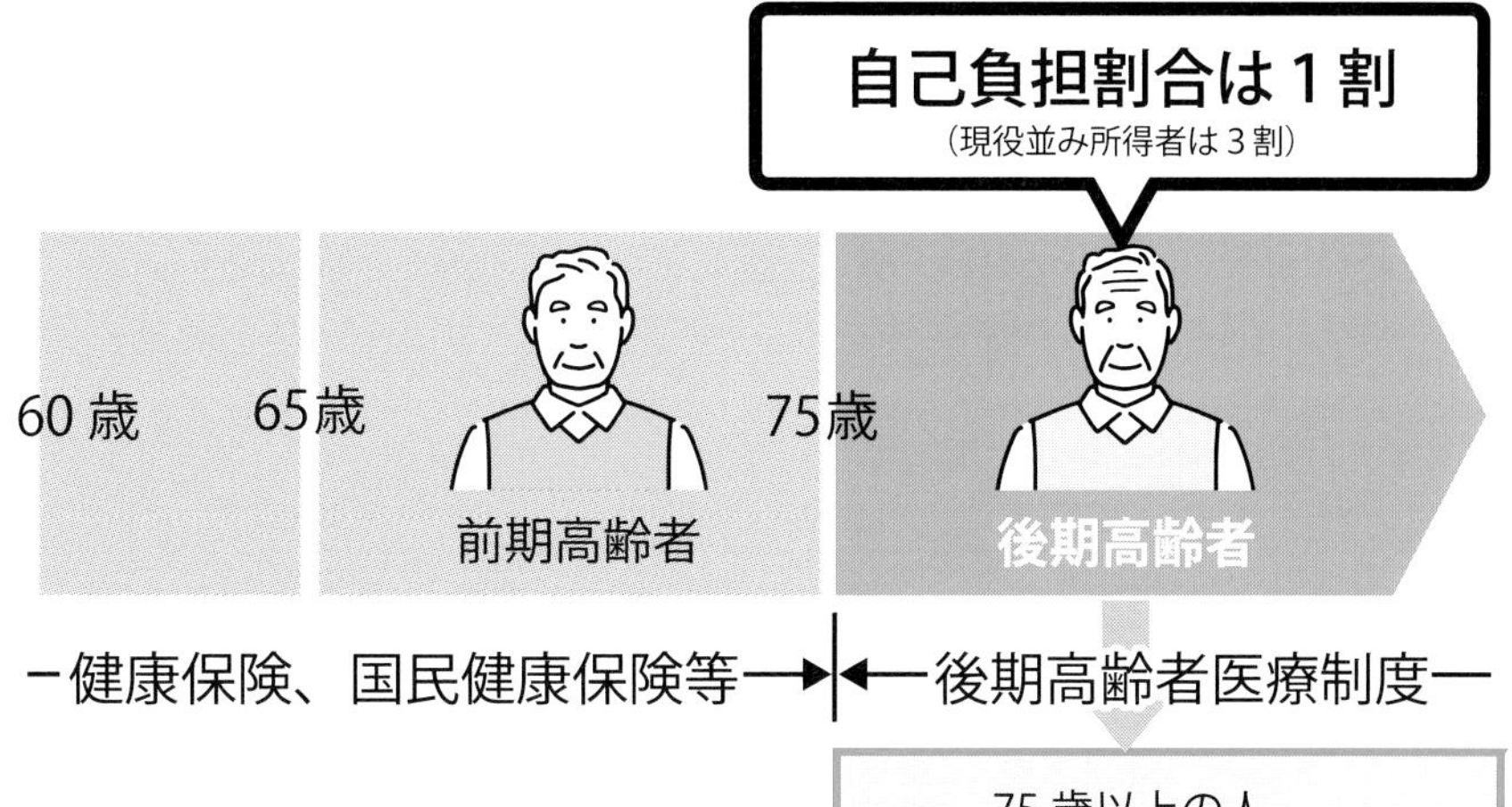

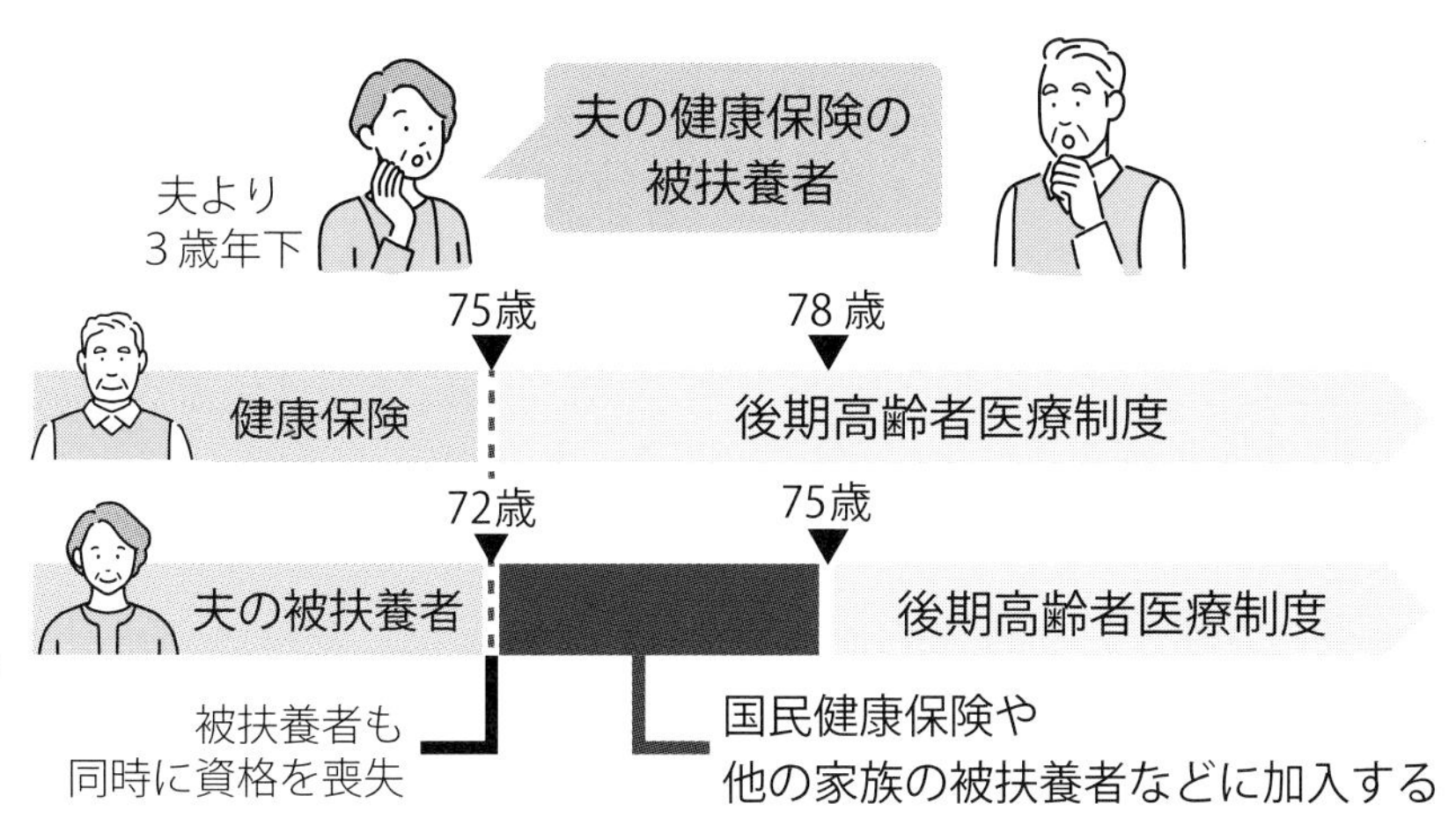

60歳以降も社会保険（健康保険・厚生年金保険）に加入する働き方がおすすめ

ゆる〝4分の3基準〟と呼ばれるもので、1週間の所定労働時間および1カ月の所定労働日数が同じ事業所で同様の業務に従事している通常の労働者の**4分の3以上**である人は社会保険に入ります。

75歳からは後期高齢者医療制度に

若い世代の人には、まだまだ先の話ですが、65歳から74歳を前期高齢者、75歳以上を後期高齢者といいます。会社勤めをしている人は75歳になる誕生日の前日まで、健康保険に加入できます。75歳になると、被保険者から外れて、**後期高齢者医療制度**に加入します（国民健康保険の人も後期高齢者医療制度に移ります）。

まとめると、65歳から74歳の前期高齢者で一定時間働いている人は引き続き健康保険に加入、75歳以上の後期高齢者は独立の医療制度である後期高齢者医療制度に移行することになります。

ちなみに、厚生年金保険は70歳まで加入可能です。

Q

未払残業代があるので請求したいのですが…

A

不足分は請求できます。消滅時効があるので早めに請求しましょう。

割増賃金の額

時間外労働
法定労働時間を延長して労働させた場合
↓
通常の賃金の**2割5分以上**

休日労働
法定休日に労働させた場合
↓
通常の賃金の**3割5分以上**

深夜労働
午後10時～午前5時に労働させた場合
↓
通常の賃金の**2割5分以上**

出退勤時刻を記録して証拠を残しておこう
（タイムカードのコピー、スマホでのカメラ撮影など）

残業代の不払いは労基法37条違反

一般に「残業代」と呼ばれますが、労働基準法第37条では「割増賃金」と規定しています。時間外・休日または深夜の労働に対しては、割増賃金を支払うべきことを企業に義務付けています。

しかしながら、残業代をめぐるトラブルは決して少なくありません。

長時間残業したにもかかわらず、割増賃金を支払ってもらえないのであれば、不足分を請求できます。賃金請求権等については、5年（当分の間3年）の消滅時効が規定されているので、黙っていると時効にかかってしまいます。

会社に請求しても支払いに応じないようなら、労働基準監督署や弁護士等の専門家に相談しましょう。

Q パワハラにはどう対処すればいい？

A 上司の指導も限度を超えたら違法。悪質な場合は民事訴訟も検討すべき。

対処の基本

まずは**会社の中の相談窓口**へ
それでもダメな場合は
弁護士等の**外部の専門家**に相談しよう

パワハラ防止法
（改正労働施策総合推進法）
2020年6月1日から施行（大企業）
2022年4月1日から施行（中小企業）

社内に相談窓口を設置し、ハラスメントに関する相談に対応するのは事業主の義務。悪質な場合は企業名が公表されることもある。

ただし
業務指導との線引きがあいまいなので…
↓

**万一のときには
録音などの証拠が必要になるかも**

対策は事業主の義務

パワハラ防止法では、社内に相談窓口を設置し、ハラスメントに関する相談に対応するよう事業主に義務を課してします。

しかし相談窓口に訴えても、パワハラではなく業務指導と見られてしまったら、問題の解決につながらないでしょう。

業務指導とパワハラの間に明確な線引きはできないため、その判断はケースバイケースとしか言いようがありませんが、上司から「バカ」「給料泥棒」など人格を否定するような侮辱行為を受けたような場合はパワハラに該当する可能性濃厚です。

パワハラ行為を行った個人や対策を怠っていた会社を相手に、民事上の損害賠償を求める対応も視野に入れましょう。

裁判となった場合は、パワハラを受けた証拠を提示しなければなりません。メモや録音などの証拠が必要です。

コラム

［国保の保険料は軽減してもらえる］

国保の保険料は高いか？

わが国は国民皆保険制度であるため、すべての国民が何らかの公的医療保険に加入しています。会社を退職して健康保険を脱退した場合は、健康保険の任意継続、家族の被扶養者になる、そして国民健康保険に加入する選択肢があることは42ページで説明したとおりです。

健康保険に加入していたときは、保険料負担が労使折半であったため、半分は会社が払っていました。これが国民健康保険に加入すると、すべて自分で全額を払うことになります。さらに、国民健康保険では扶養という考え方をしないので、配偶者等の同居する家族がいる場合は、それぞれの保険料を支払う必要があります。

脱サラして自営業を始めた人が納入通知書を見て、あまりの金額の多さに目が点になってしまうことも珍しくありません。

国民健康保険の保険料の算定は、基本的に前年の所得と被保険者数をベースに計算されます。前年の稼ぎが多いと、翌年の保険料がドカっと上がるしくみになっています。

なお、保険料ではなく保険税で徴収している自治体もあります。

軽減措置の申請をためらう必要はない

国民健康保険の保険料（税）については、「高すぎて払えない」という声をよく聞きます。また、低所得者ほど負担が重いとの指摘もされます。とはいえ、保険料（税）は税金と同じく納付義務があり、未納・滞納するわけにもいきません。こうした事情を踏まえ、多くの自治体では保険料（税）の軽減措置を設けています。

一例として、さいたま市の例を紹介すると、非自発的失業者（倒産や雇止めなどによる離職）に対して、離職の翌日の属する月から翌年度末までの期間において、前年の給与所得を100分の30とみなして国民健康保険税を算定する軽減措置があります。

4章

税金の手続き

4章－1
税金の手続き

確定申告を自分でおこなう

会社をやめた後は自分でしなければならない

会社員の年末調整は会社がしてくれる

会社勤めをしていると、毎年10～11月ころに総務部や経理部に必要な書類を提出して、給与から天引き（源泉徴収）されている所得税を再計算し、納税額を調整します。一般に**給与から天引きされている所得税は、本来納付すべき税金の額と相違があるため**、これを精算する手続きが〝年末調整〟というものです。

たいていの人は生命保険や個人年金保険、地震保険など、所得から控除される支出があるので、年末にお金が戻ってきます。ミニボーナスみたいで、正直ちょっとうれしいものです（実際には、払い過ぎた税金が戻ってくるだけなのですが）。

会社員は、このような所得税の精算な

［年末調整のしくみ］

対象となる人
・１年を通じて勤務している人
・年の中途で就職し、年末まで勤務している人 など

課税所得金額
所得控除額
給与所得控除額

× 所得税率 ＝ 本来の所得税額

これが年末調整 → 過不足を調整

源泉徴収された金額

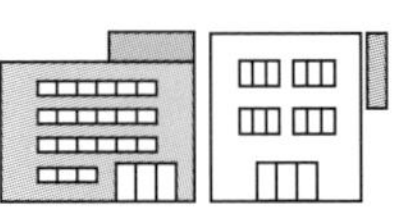

会社員のときは
会社が年末調整をやってくれたが…

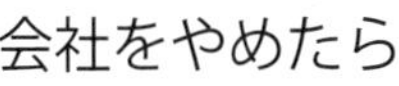

会社をやめたら
自分で
やらなければならない

再就職して12月まで勤めれば、新しい勤務先で年末調整してもらえます

［会社をやめた年の確定申告］

① その年の1月1日～12月31日の所得に関する税金を計算

② 申告書に記入

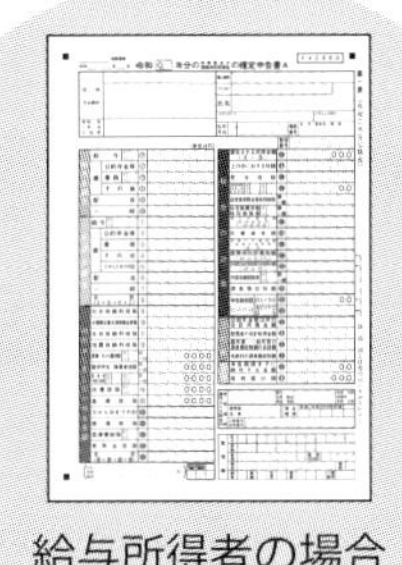

給与所得者の場合
通常は確定申告書Aを使用

すべての欄を書く必要はありません。必要な箇所だけ書けばＯＫ！

③ 翌年2月16日～3月15日に税務署へ提出
（e-Taxならオンラインで提出可能）

たいていの人は払い過ぎていた所得税が還付される

［会社員でも医療費控除は確定申告が必要］

医療費控除は年末調整では受けられない

年末調整の対象者でも確定申告をする必要がある

入院や手術などをした年は
確定申告で税金が戻る可能性大

どの面倒な事務手続きは、会社任せにしておけばいいのですが、会社をやめてしまったら、これを自分でやらなければなりません。

年末に未就職の場合は確定申告をして税金を取り戻す

年の途中で退職しても、すぐに再就職すれば、新しい勤め先で年末調整をしてくれます。しかしその年に再就職をしなかった場合は、**確定申告をしなければ税金を取り戻すことができません。**

年末調整は、文字どおり〝年末に〟行うものですが、確定申告は翌年の2月16日から3月15日の間に行います。

また確定申告の際には、源泉徴収票を添付するので、前勤務先から受け取った源泉徴収票を紛失しないように気をつけましょう。申告期限内に申告書を提出し、税金の還付がある場合は、通常1カ月程度で指定した金融機関の口座に振り込まれます。

4章－2

税金 の手続き

退職時に住民税が一括徴収される

最後の給与から住民税がまとめて引かれる

住民税は退職するとどうなる？

給与から天引きされる主なものとしては、保険料と税金があります。保険料は、雇用保険の保険料、健康保険の保険料、厚生年金の保険料の3つ。税金は、所得税と住民税の2つです。

ここでは住民税について見てみましょう。住民税は、都道府県が課税する道府県民税（東京都は都民税）と市区町村が課税する市町村民税（区市町村民税）の総称であり、地方税の一つです。

会社員等が納付する**個人住民税**は、1年間の税額を毎年6月から翌年5月までの12回に分け、毎月の給与から天引きされます。これを**特別徴収**といいます。

会社を退職すると、まだ払っていない

［住民税とは？］

会社員等が納付しているのは **個人住民税**

前年度の1～12月の所得を基準に計算される税金

納付先	1月1日現在の住所地の市（区）町村・都道府県
納税する人	①市区町村・都道府県内に住所を有する個人 ②市区町村・都道府県内に事務所、事業所または家屋敷を有する個人（①に該当する者を除く）

	都道府県	市町村	合計
所得割（標準税率）	4％	6％	10％
均等割（年額）※	1,500円	3,500円	5,000円

※所得金額にかかわらず定額で課税されるもの

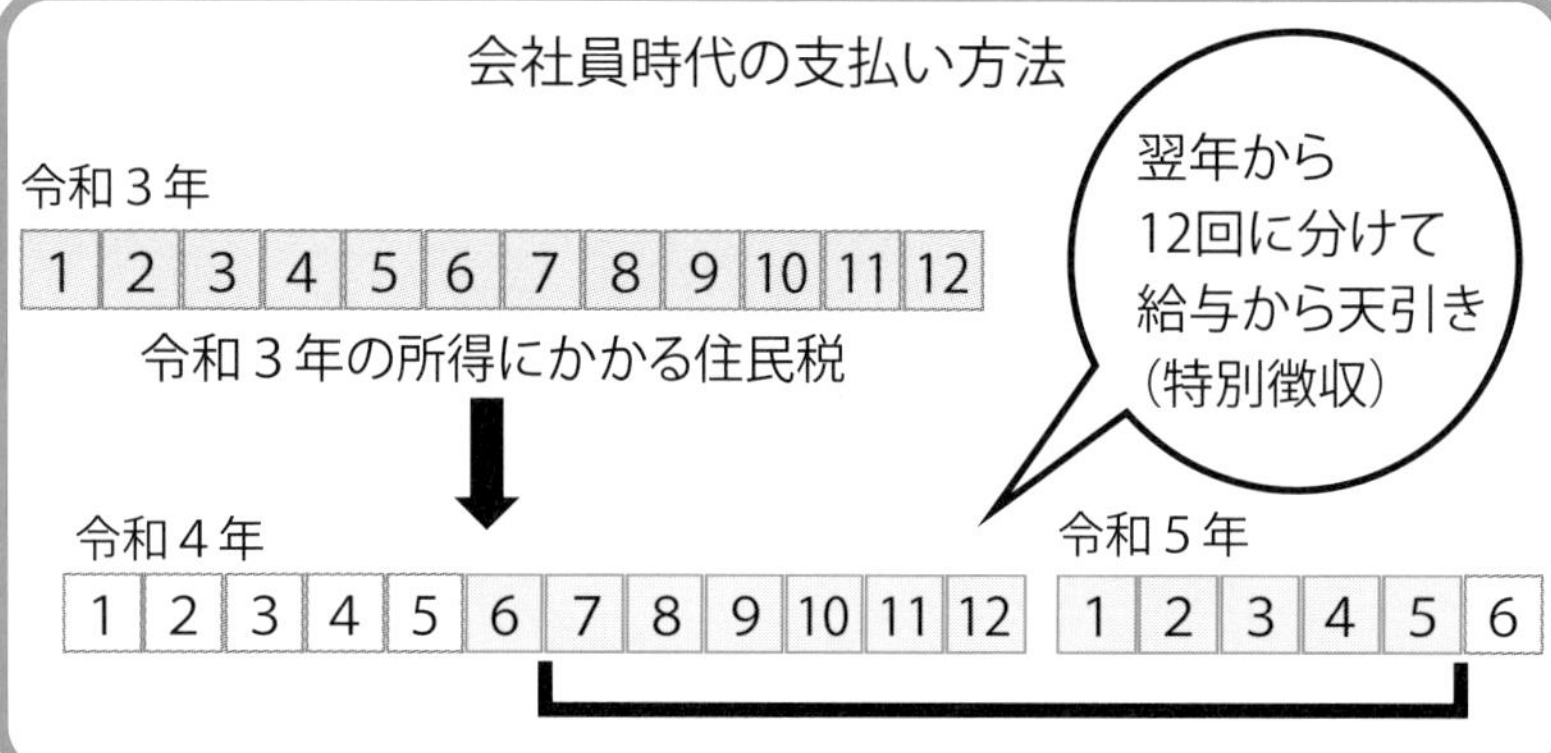

住民税は前年の所得を基準に計算されるので、退職した翌年は要注意！

［退職後に支払う住民税］

退職すると
まだ払っていない住民税は…

最後の給与からまとめて差し引く **一括徴収**	後日自分で納付する **普通徴収**（1〜4回払い）

退職後の支払いは…

1	2	3	4	5	6	7	8	9	10	11	12

1月〜5月に退職すると → 5月までの残額を一括徴収

残りの住民税は普通徴収に切り替わる

残余の住民税は最後の給与からまとめて差し引く一括徴収、もしくは後日郵送されてくる通知書（納付書）によって自分で納付する普通徴収になります。

住民税は前年の所得に応じて計算される

前年度の稼ぎが多いと、1年後の住民税が高くなります。

定年退職して仕事をリタイアしたとき、送られてきた通知書（納付書）に記載された住民税の金額にビックリしたという話をよく聞きます。

退職したことで収入が大きく減少したのに、「住民税をこんなに払うのか」と思ってしまうのも無理からぬことです。

また、特別徴収は12等分した住民税を給与から天引きしていたのですが、普通徴収は年4回に分けて納付することになり、1回の納付金額が大きくなることで「住民税が高い！」と、どうしても感じてしまうのでしょう。

4章－3

税金の手続き

退職金にも税金がかかる

退職金は給与の後払いと言われるけれど…

［退職金にかかる税金］

計算の方法

（退職金の額 － 退職所得控除額）× 1/2 ＝ 課税退職所得金額

課税退職所得金額 × 所得税の税率 － 控除額 ＝ 所得税額（基準所得税額）

所得税額 ＋ 基準所得税額 × 2.1％ ＝ 所得税及び復興特別所得税の源泉徴収税額

勤続年数に応じた控除がある

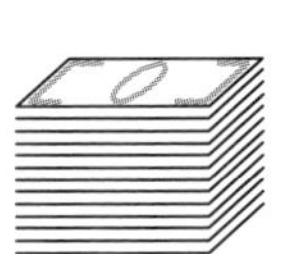

勤続年数	退職所得控除額
20年以下	40万円×勤続年数
20年超	800万円＋70万円×（勤続年数－20年）

勤続年数20年超になると控除額が大きくなる

〈例えば…〉

勤続年数10年3カ月の人は…

勤続年数は11年になる
（3カ月の端数は切り上げ）
40万円×11年＝
440万円 控除される

勤続年数25年5カ月の人は…

勤続年数は26年になる
（5カ月の端数は切り上げ）
800万円＋70万円×（26年－20年）＝
1,220万円 控除される

勤務先に退職金制度はある？

ある程度、勤続年数が長くなってくると、退職金のことが気になる人もいるでしょう。

退職金は法律で支給が義務付けられているものではなく、退職金制度を設定するかしないかは、会社の自由です。ですから、**退職金制度があればもらえるし、なければもらえません。**

退職金制度がある会社では、就業規則から独立させた「退職金規程」がある会社が多いので、適用される労働者の範囲、退職金の決定、計算および支払い方法等について確認してみましょう。

例えば、「勤続5年以上の労働者が退職したときは、退職金を支給する」とあっ

退職金については、退職金額だけでなく
税金についても確認しておこう

［所得税の速算表］

〔求める税額＝A×B－C〕

A課税される所得金額	B 税率	C控除額
1,000円から1,949,000円まで	5％	0円
1,950,000円から3,299,000円まで	10％	97,500円
3,300,000円から6,949,000円まで	20％	427,500円
6,950,000円から8,999,000円まで	23％	636,000円
9,000,000円から17,999,000円まで	33％	1,536,000円
18,000,000円から39,999,000円まで	40％	2,796,000円
40,000,000円以上	45％	4,796,000円

［退職金関連の手続き］

実際には
「退職所得の受給に関する申告書」の提出のみでOK

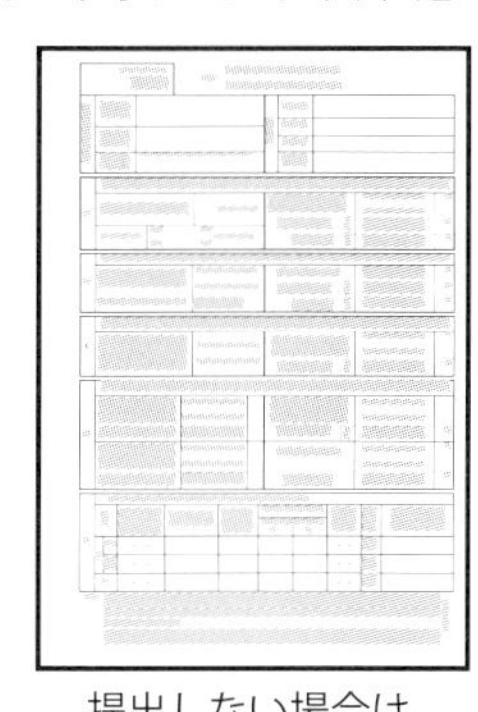
提出しない場合は
上の表の計算により源泉徴収される

たら、あと数カ月で勤続5年になる人は、もう少し勤めてからやめた方がいいです。

退職所得の受給に関する申告書を提出すれば面倒な確定申告は不要

退職金は所得税法上、退職所得に分類され、税金がかかってきます。退職所得の金額は、（収入金額－退職所得控除額）×2分の1で計算されます。また、退職所得はほかの所得と分離して所得税額を計算する分離課税になります。

何やら難しそうですが、退職金支払いの際に**「退職所得の受給に関する申告書」を会社に提出**している人は、退職所得の金額に応じた所得税等の額が源泉徴収されるため、原則として確定申告をする必要はありません。

この申告書の提出をしないと、20・42％の所得税等が源泉徴収されてしまうので、後で確定申告をして精算する（還付を受ける）ことになります。

Q ホワイト企業を探したいのですが…

A 厚生労働大臣が認定している各種認定マークを参考にしましょう。

ホワイト企業の目安となる認定マーク

えるぼしマーク

女性活躍推進の取り組みに積極的な企業

ユースエール認定マーク

若者の採用・育成に積極的な企業

安全衛生優良企業公表制度認定マーク

労働者の安全や健康を確保するための対策に積極的に取り組んでいる企業

名刺や求人票などに使用されているのでホワイト企業探しの参考になる

ホワイト企業への入社を目指そう！

異常な長時間労働や残業代の不払い、労働保険・社会保険に未加入など、コンプライアンス（法令順守）の意識が低い企業を指して、ブラック企業という言い方をします。

ブラック企業の対義語をホワイト企業といいますが、ホワイト企業を探すにはどうしたらいいのでしょうか？

ひとつの目安になるものとして、厚生労働大臣の各種の認定マークがありますので、いくつか紹介します。それぞれのマークには認定基準があるため、それを満たす必要があるわけで、その信頼度は高いといえます。

認定を受けた企業は名刺や求人票などにマークを使用して、「うちの会社はホワイトである」ことをアピールできます。仕事探しで求人票等を見るときは注目してみてください。

Q 面接のときはどんな事に気をつければいい？

A 就職差別につながる質問をしてくる会社は敬遠した方がいいです。

こんな質問をしてくる企業は避けよう

購読新聞は何？

家族の職業は？

宗教と支持政党は？

本籍と出生地は？

尊敬する人物は誰？

面接の目的は職務遂行のために必要となる適性・能力の評価

適性と能力に関係ない事項を尋ねて把握することは就職差別につながる。本人に責任のない事項・人生観・思想・信条にかかわる質問はＮＧ！

公正な採用選考をしている企業を選ぼう

就職の面接では、面接官は上から目線になりがちです。こちらが答えにくい質問をしてくることがあります。

例えば、職歴にブランクがある人に「ブランクがありますが、その理由は?」と質問したり、転職回数が多い人に「転職回数が多いようですが、どうして?」と理由を聞いてきたりします。

このような質問はまだ許せるとして、面接時に聞いてはいけない質問もあります。

厚生労働省では、就職の機会均等を確保するために、応募者の基本的人権を尊重した公正な採用選考を実施するよう、事業主に協力を求めています。

［70歳就業法について］

70歳までの就業機会確保は企業の努力義務

2020年3月に可決・成立した高年齢者雇用安定法の改正法が、2021年4月から施行されています。

改正高年齢者雇用安定法は、通称“70歳就業法”と呼ばれるように、70歳までの就業機会確保を企業の努力義務としています。従来の65歳までの雇用確保に加えて、65歳以降も働き続けられる環境づくりを事実上要請したものと捉えていいでしょう。

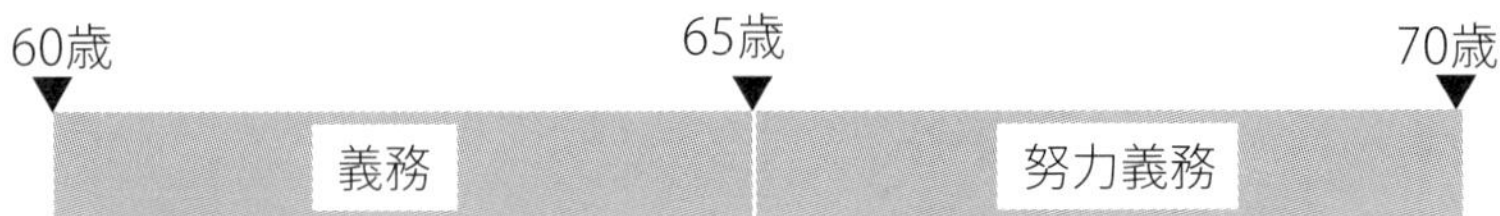

従来との違いは、65歳までの雇用確保措置が義務であるのに対し、70歳までの就業機会確保措置が努力義務である点です。そして、対象となる措置は次の①～⑤のうち、いずれかの措置を講じる努力義務が企業に課せられます。

①70歳までの定年の引き上げ
②定年制の廃止
③70歳まで継続雇用する制度の導入
④70歳まで継続的に業務委託契約を締結する制度の導入
⑤70歳まで継続的に以下の事業に従事できる制度の導入
a.事業主が自ら実施する社会貢献事業
b.事業主が委託、出資(資金提供)等をする団体が行う社会貢献事業

①②③は、これまでの65歳までの雇用確保措置の延長線上にある内容といえますが、④と⑤は雇用ではありません。

改正法が施行されてから日が浅いため、各企業の対応はこれからというところが多いのですが、①②③のような措置が定着すれば、70歳まで雇ってもらえます。一方で、④⑤を導入する企業が増えてくる可能性もあります。現在40代以上の人は、そろそろ今後のキャリアプランを考えて実行していく必要があるといえるでしょう。会社に頼らない生き方を模索しなければいけない時代なのです。

5章

年金の手続き

5章－1
年金の手続き

会社をやめると「第2号被保険者」ではなくなる 忘れてはいけない年金の手続き

会社員は2つの年金制度に加入している

まずは、公的年金制度の基本の「き」から説明します。

会社員や公務員は**厚生年金保険**と国民年金に、自営業者等は**国民年金**に加入しています。

平成27年10月に「被用者年金一元化法」が施行されて、被用者の年金制度は厚生年金保険に一本化されました。かつては、共済組合に加入していた公務員も、現在は厚生年金保険に加入しています。

毎月の給与やボーナスから天引きされているのは、厚生年金の保険料だけなのでピンとこないかもしれませんが、会社員は厚生年金保険と同時に国民年金にも加入しています。

［みんなが加入している国民年金］

第1号 被保険者

国民年金

自営業者、学生（20歳以上）、無職の人など

第2号 被保険者

会社員等は２つの年金制度に加入している

厚生年金保険

国民年金

会社員、公務員、私立学校の教職員など

第3号 被保険者

国民年金

専業主婦（夫）など （詳しくは68ページ）

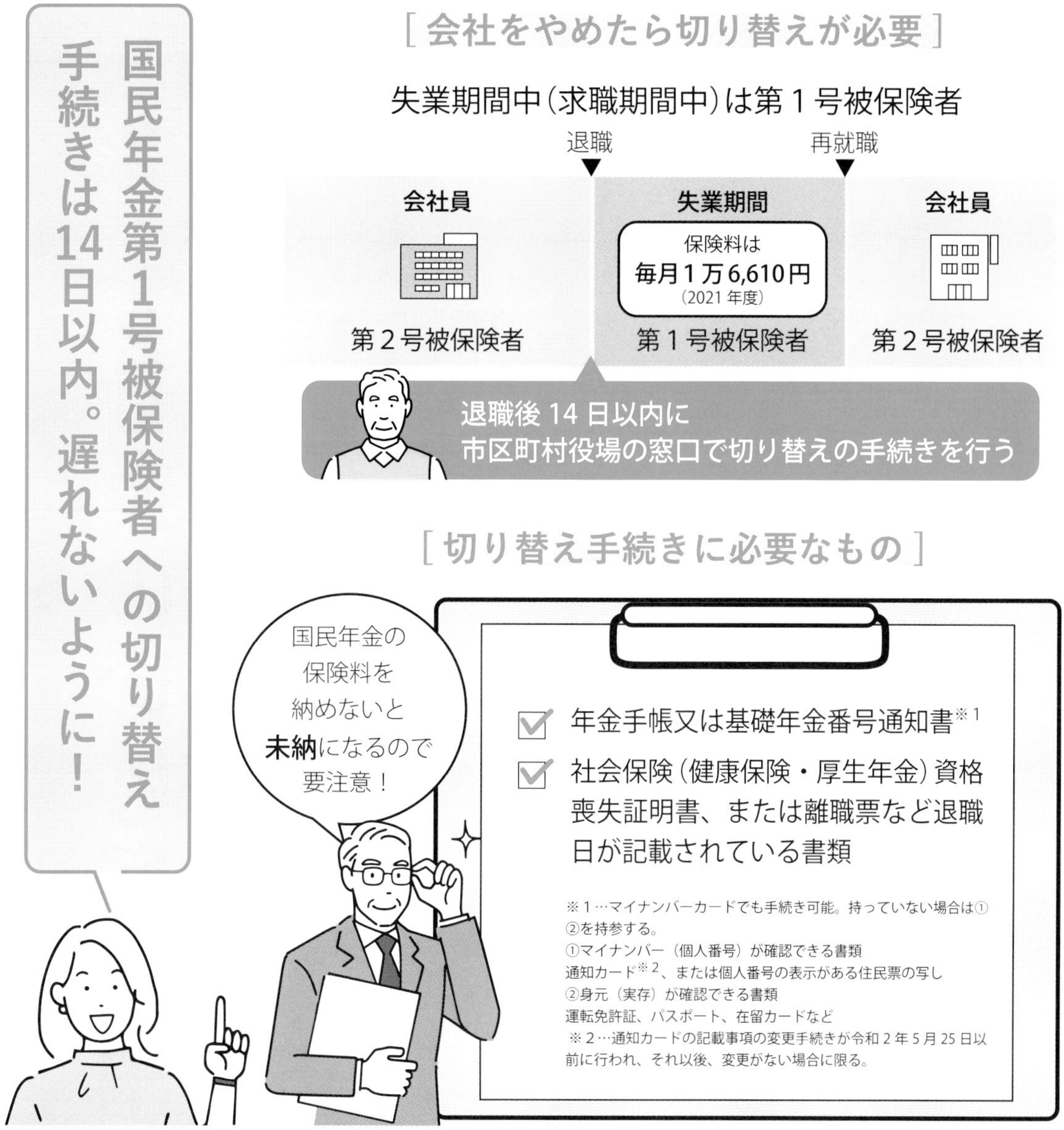

会社をやめると第1号被保険者として保険料を納める必要がある

会社をやめると、第2号被保険者ではなくなります。失業期間中は、**第1号被保険者**として、国民年金の保険料を納める必要があります。

退職後14日以内に居住地の市区町村役場の国保年金課・国民年金係などの窓口に行き、**年金の切り替え**（国民年金第1号被保険者資格取得）**の手続き**をします。「すぐに再就職するからいいや」と、この手続きを怠っていると、**将来もらえる年金（老齢基礎年金）が満額もらえないこともあり得ます**ので、注意してください。

次の就職先が見つかって、新しい会社に入社すれば、再び第2号被保険者になります。

要するに、退職から再就職までの間を穴埋めする形で、第1号被保険者として国民年金の保険料を納付するわけです。

［会社をやめたら切り替えが必要］

失業期間中（求職期間中）は第１号被保険者

退職 ▼
再就職 ▼

会社員	失業期間	会社員
	保険料は 毎月１万6,610円 （2021年度）	
第２号被保険者	第１号被保険者	第２号被保険者

退職後14日以内に
市区町村役場の窓口で切り替えの手続きを行う

［切り替え手続きに必要なもの］

国民年金の
保険料を
納めないと
未納になるので
要注意！

- 年金手帳又は基礎年金番号通知書※1
- 社会保険（健康保険・厚生年金）資格喪失証明書、または離職票など退職日が記載されている書類

※１…マイナンバーカードでも手続き可能。持っていない場合は①②を持参する。
①マイナンバー（個人番号）が確認できる書類
通知カード※２、または個人番号の表示がある住民票の写し
②身元（実存）が確認できる書類
運転免許証、パスポート、在留カードなど
※２…通知カードの記載事項の変更手続きが令和２年５月25日以前に行われ、それ以後、変更がない場合に限る。

国民年金第１号被保険者への切り替え
手続きは14日以内。遅れないように！

5章－2

年金の手続き

夫が失業したら妻は「被扶養者」ではなくなる
会社員の妻も届け出が必要

［第３号被保険者の要件］

日本国内に住んでいる※1

20歳以上60歳未満

配偶者

厚生年金保険に加入する配偶者※2に扶養されていて、原則として年収が130万円未満※3

パートタイマー等でも**社会保険**（健康保険・厚生年金保険）**に加入すると…**

第２号被保険者 となる

※１　海外に赴任する配偶者に同行する場合等、日本国内に住所を有しないが、渡航目的その他の事情を考慮して日本国内に生活の基礎があると認められる場合、居住要件に係る特例（海外特例要件）がある。
※２　65歳以上70歳未満で老齢または退職を理由とする年金の受給権を有する人は除く
※３　年収が130万円未満であっても、厚生年金保険の加入要件にあてはまる人は、厚生年金保険および健康保険に加入することになるため、第３号被保険者には該当しない。

女性は国民年金の種別変更が多い

前項では、国民年金の被保険者の種別について触れました。種別は第1号被保険者、第2号被保険者、第3号被保険者の3種類あるわけですが、男女を問わず誰でも就職や転職、退職などによってこの種別が変更される場合があります。**特に女性は男性に比べて種別が変わる場面が多いです。**具体的に見てみましょう。

まず学生時代でも20歳になると、第1号被保険者となります。大学等を卒業して就職すると、第2号被保険者。結婚を機に退職し、専業主婦になると、第3号被保険者になります。

子育てが一段落して、新たに就職してフルタイムの会社員になると、再び第2

［夫が会社をやめたときに妻が行う手続き］

夫の失業中、妻は第1号被保険者として国民年金の保険料を支払います

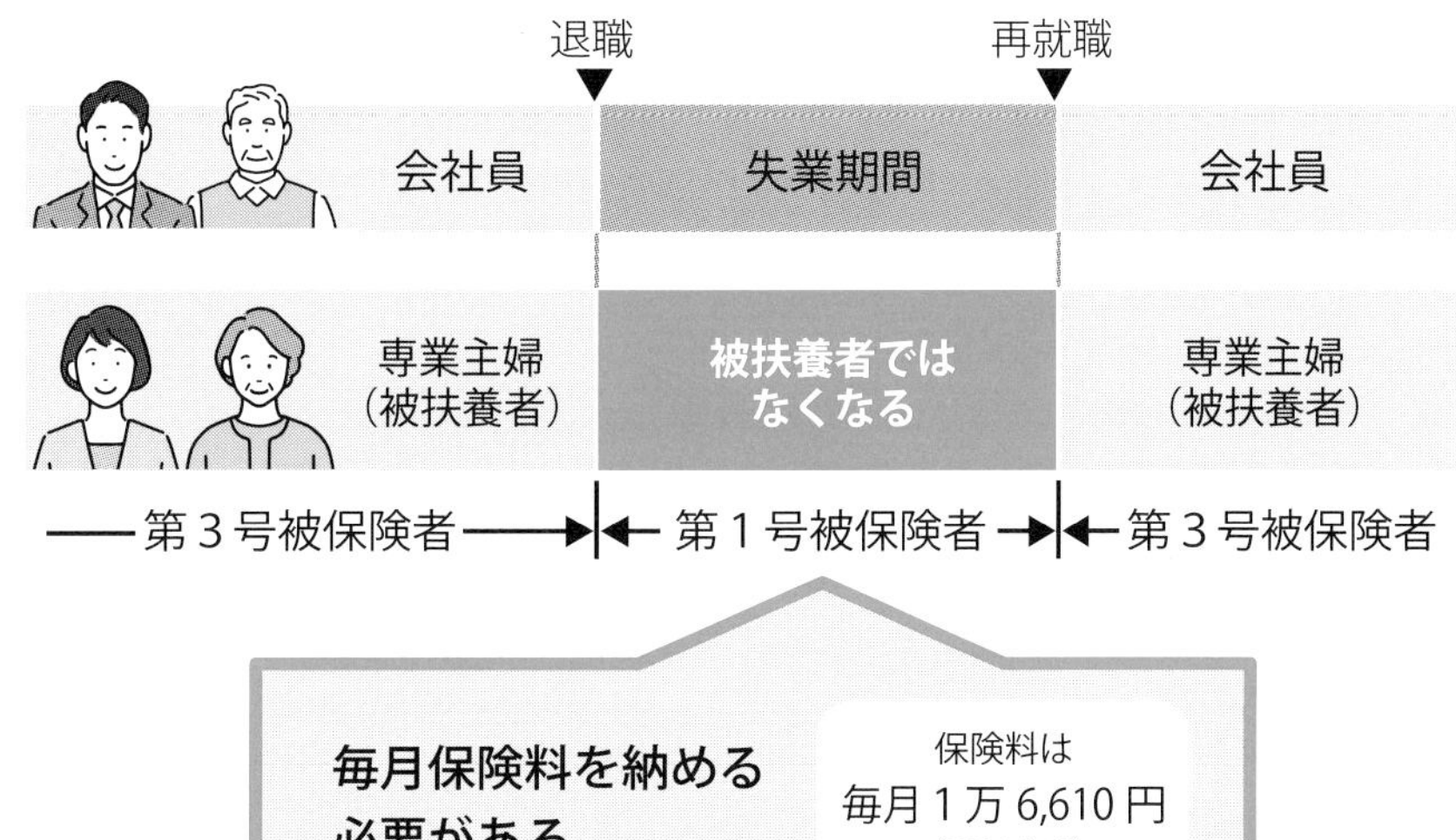

号被保険者になります。

このように、女性の種別は目まぐるしく変わることは珍しくありません。

夫の失業中、妻の種別は第何号？

国民年金の第3号被保険者は、典型的には**サラリーマンの妻**が該当します。被扶養者になるための一定の要件を満たしていれば、第3号被保険者として、実質的に保険料負担をすることなく、国民年金に加入しています。

しかし夫が会社をやめたら、サラリーマンの妻でなくなるため、妻は**第1号被保険者**として毎月の保険料を払わなければなりません。夫と同様に種別が変わることで、国民年金第1号被保険者への**切り替え手続き**が必要になります。

この手続きを忘れている人が結構います。保険料の未納期間があると、将来受給する年金が減額されます。夫が再就職するまでは、毎月、国民年金の保険料をきちんと納付することが大切です。

5章－3

年金の手続き

納付が難しいならためらわずに免除申請を 保険料は免除されることがある

[保険料免除制度・納付猶予制度]

保険料免除制度

老齢基礎年金の
受給資格期間に
算入される

老齢基礎年金の
年金額に
反映される

・本人・世帯主・配偶者の前年所得が一定額以下
・失業した など

国民年金保険料の納付が困難と認められる場合

全額免除された月の年金は…

老齢基礎年金の２分の１だけ受け取れる

（老齢基礎年金の２分の１は国庫負担なので、その分を受け取れる）

納付猶予制度

老齢基礎年金の
受給資格期間に
算入される

老齢基礎年金の
年金額への
反映はない

20歳から50歳未満で
本人・配偶者の前年所得が一定額以下の場合

失業期間中も国民年金の保険料を払おう！

２０２１（令和３）年６月28日の厚生労働省の発表によると、２０２０（令和２）年度の国民年金の保険料納付率は71・５％だといいます。

国民年金の保険料納付率は、自営業者等の第１号被保険者の本来支払うべき納付対象月数のうち、支払われた納付月数の割合を示したものです。

この計算には、会社を退職して失業中の人（無職の人）の保険料納付状況も含まれていますが、**保険料の未納があると、老齢基礎年金が満額支給されないことになるかもしれません。**失業中でも保険料を払っておくことが将来の年金につながります。

保険料は免除されることがある。
免除された分は後から追納できます

［免除・猶予の申請］

国民年金保険料免除・納付猶予申請書

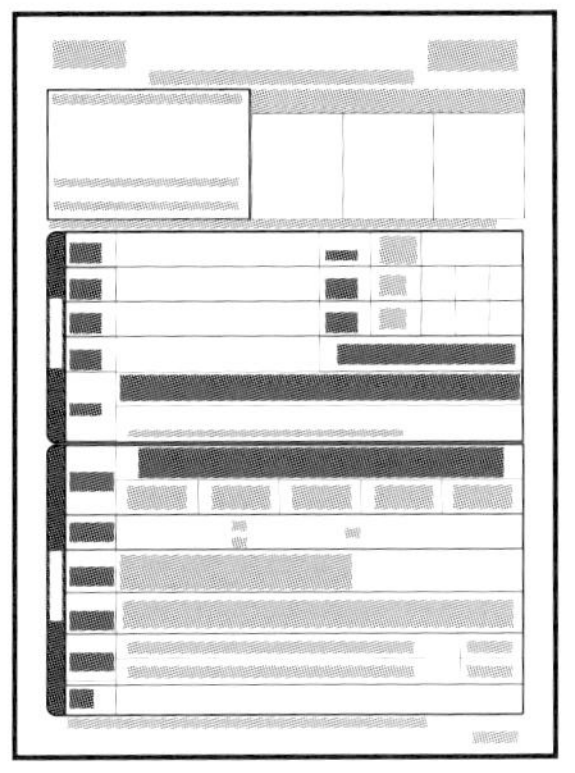

日本年金機構ホームページから
ダウンロード可能
（市区町村役場・年金事務所にもある）

できるだけ
速やかに
提出してください

最大
2年1カ月前まで
さかのぼって
申請できます

失業したために納付が難しい人は
・雇用保険受給資格者証の写し
・雇用保険被保険者資格喪失確認通知書
など、失業していることを確認できる公的機関の証明の写しも提出する

郵送でもＯＫ

［提出先］
・住所地の市区町村役場の
国民年金担当窓口
・最寄りの年金事務所
いずれか

免除された月は、後で追納しよう

追納すれば **100％保険料納付済期間**になり
将来の年金を満額にすることも可能！

保険料免除制度と納付猶予制度

給与から保険料が天引きされる会社員等の第2号被保険者とは違い、第1号被保険者は毎月自分で保険料を納める必要がありますが、失業等の理由で保険料の支払いが経済的に困難な場合はどうしたらいいのでしょうか？

こんな場合は、保険料を未納のままにしないで、**保険料免除・納付猶予**の申請をすることです。

申請をすることで、保険料の納付猶予または全額、もしくは一部（4分の1、半額、4分の3）が免除になります。

免除の割合に応じて一定の年金が保障されますが、保険料を全額納めたわけではないので、年金は減額されます。

また、免除された保険料については、10年以内であれば、後から納付できる**「追納（ついのう）」**という制度があります。収入が回復したら、追納をして保険料を全額納めた状態にできます。

5章－4

年金の手続き

年金の基礎知識 年金はいつから、いくらもらえる？

[会社員の老後の年金]

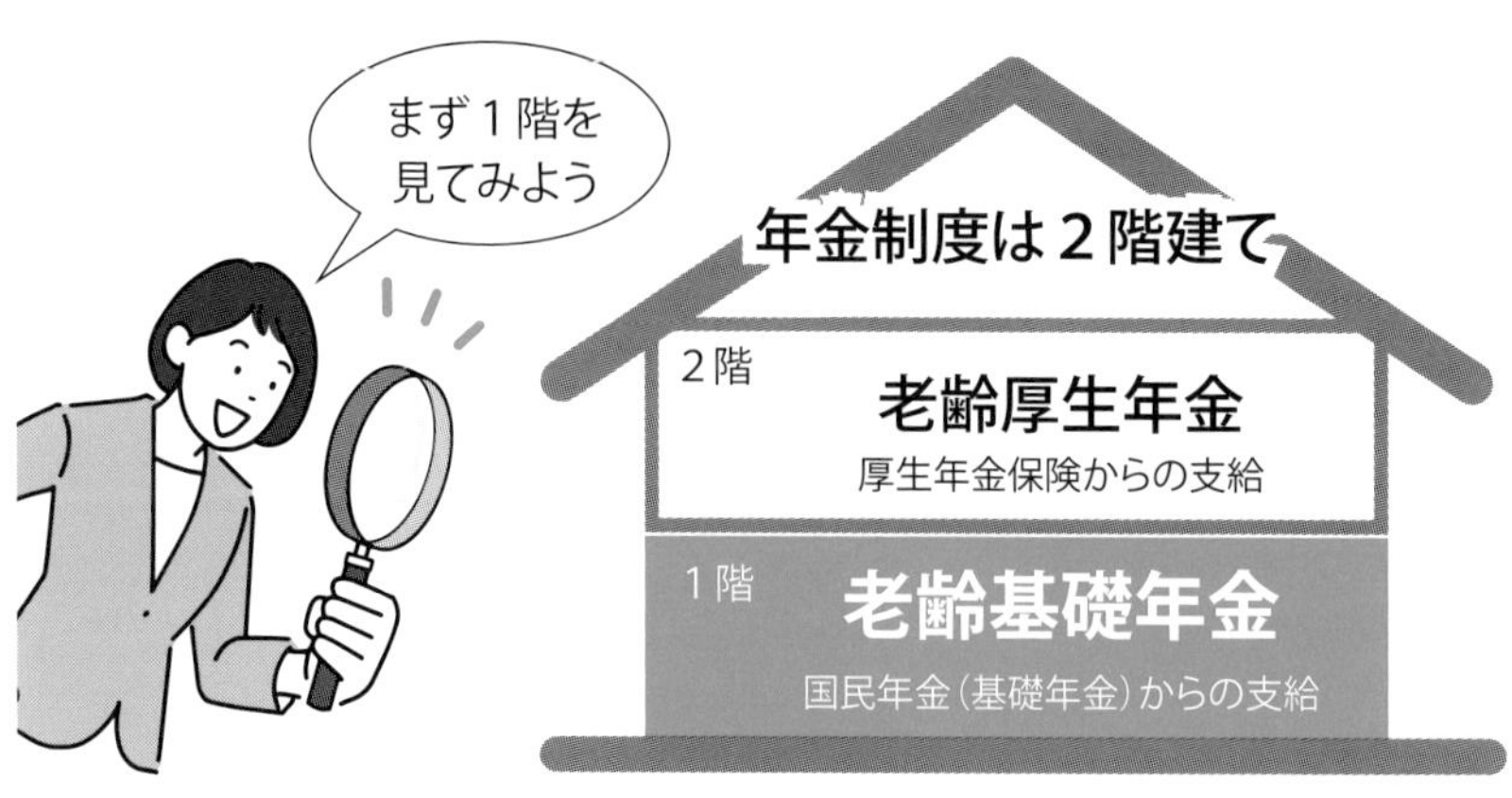

[老齢基礎年金の受給資格期間]

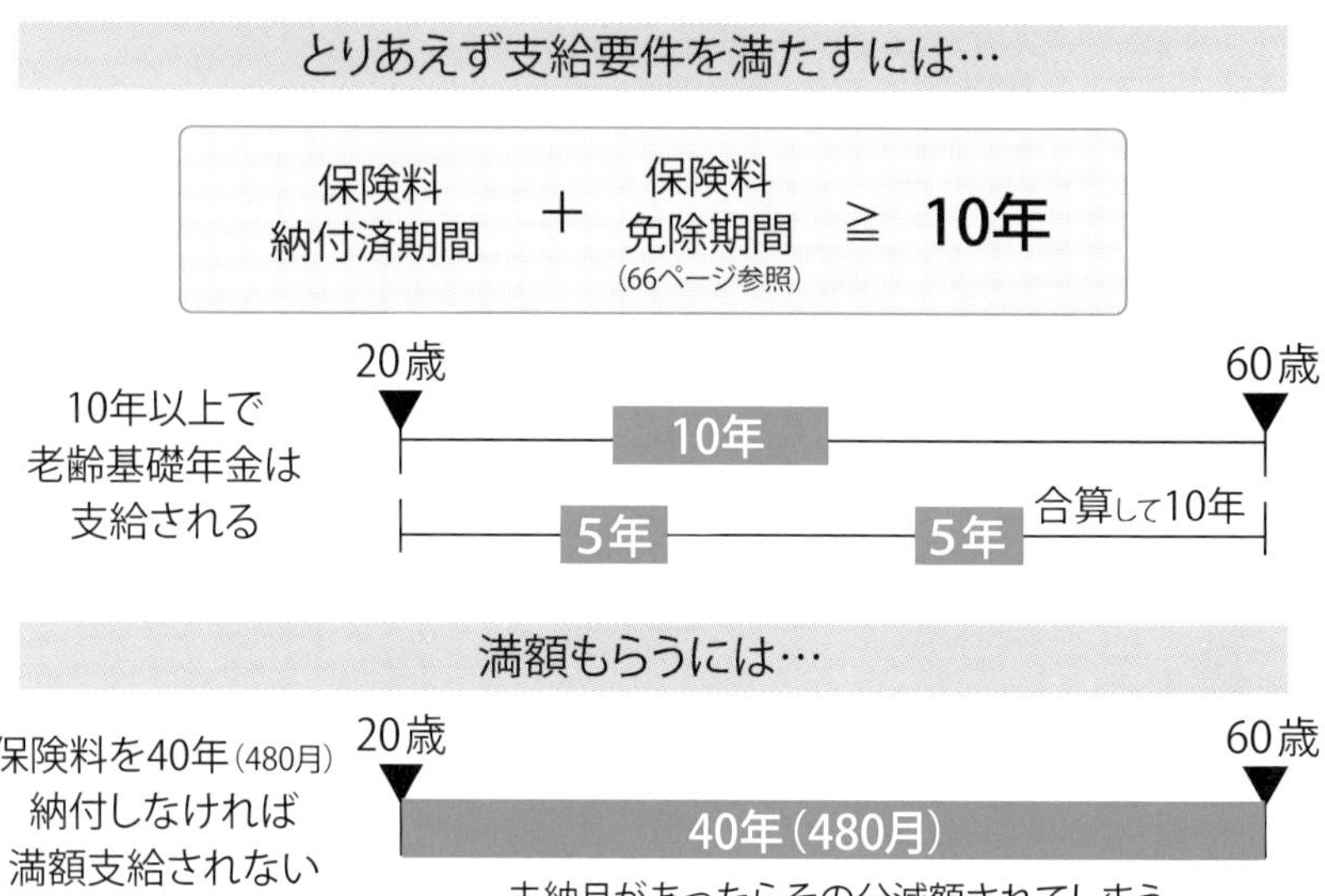

老後の年金の受給資格期間は10年

会社員の老後の年金は「２階建て」と、よくいわれます。これは１階部分が老齢基礎年金、２階部分が老齢厚生年金の構成になっているからです。

１階部分にあたる**老齢基礎年金の受給資格期間は10年**となっています。２階部分の老齢厚生年金も、老齢基礎年金を受けるのに必要な資格期間を満たしていればもらえます。普通に会社勤めをしていれば、この要件を満たすのは難しくないでしょう。

かつては、受給資格期間が25年以上とされていたのですけれども、２０１７（平成29）年８月１日から10年以上に短縮されました。今後は無年金になる人の数は

年金支給は65歳から。
会社に残るか独立するか、考えておこう

［もらえる年金の額］

老齢基礎年金

78万900円（満額）

（2021年度価額）

老齢厚生年金

金額は人による

給与が高額なら…
加入期間が長ければ…
もらえる老齢厚生年金の額も多くなる（報酬比例部分）

老齢厚生年金の計算式

平均標準報酬額 × 給付乗率 × 被保険者期間の月数

ねんきんネットを使いこなそう

日本年金機構
https://www.nenkin.go.jp/

登録することで自分の
・年金記録
・将来の年金見込額
・電子版「ねんきん定期便」
などが確認できる

グンと減少すると見込まれています。

気になる年金額は、老齢基礎年金は満額で78万900円（2021年度価額）。老齢厚生年金は報酬比例であるため、人により異なります。

原則として、年金の支給開始は65歳から

では、老後の年金は何歳からもらえるのか？　支給開始年齢は、**性別・生年月日によって異なる**という答えになりますが、男性は昭和36年4月2日以降生まれ、女性は昭和41年4月2日以降生まれの人は、65歳から支給開始となります。

ここ数年は、65歳定年とする企業の数が徐々に増えてきていますが、厚生労働省が公表した令和2年「高年齢者の雇用状況」によると、65歳定年企業は18・4％だといいます。

まだまだ60歳定年とする企業が多く、60歳の定年を迎えた後も、年金受給開始年齢である65歳まで継続雇用で働く人が多数派です。

将来の年金を増やす方法①

60歳以降も年金に任意加入する

任意加入制度を利用して老齢基礎年金を満額にする

老後の年金を増やす方法はいくつかありますが、手っ取り早く確実なのは「繰下げ受給」をすることです。繰下げ受給については、次項で詳しく説明しますので、ここではそれ以外に年金を増やす方法を考えてみたいと思います。

国民年金には**任意加入制度**があります。国民年金の保険料納付は60歳で終了しますが、受給資格期間（10年）を満たしていない人、過去に保険料を払っていなかった期間がある人のために、60歳以降に任意加入する制度が用意されています。

［国民年金の任意加入］

［任意加入の条件］

- ☑ ①日本国内に住所を有する60歳以上65歳未満
- ☑ ②老齢基礎年金の繰上げ支給を受けていない
- ☑ ③20歳以上60歳未満までの保険料の納付月数が480月（40年）未満
- ☑ ④厚生年金保険、共済組合等に加入していない
- ☑ ⑤日本国籍を有しない人で、在留資格が「特定活動（医療滞在または医療滞在者の付添人）」や「特定活動（観光・保養等を目的とする長期滞在または長期滞在者の同行配偶者）」で滞在する人ではない

上記すべてを満たす人

任意加入で未納期間分を穴埋めすることもできる

受給資格期間（10年）を満たしていない65歳以上70歳未満も加入できる

保険料納付済月数を480月にして老齢基礎年金を満額ゲット！

60歳以降も厚生年金保険に加入して継続勤務している人は、国民年金の任意加入はできない。

払った厚生年金保険料は確実に老後の年金になる。65、70歳まで働こう

[厚生年金にある「加給年金」という家族手当]

厚生年金保険に**20年**(240月)**以上**加入した人

がもらえる

家族手当のような年金

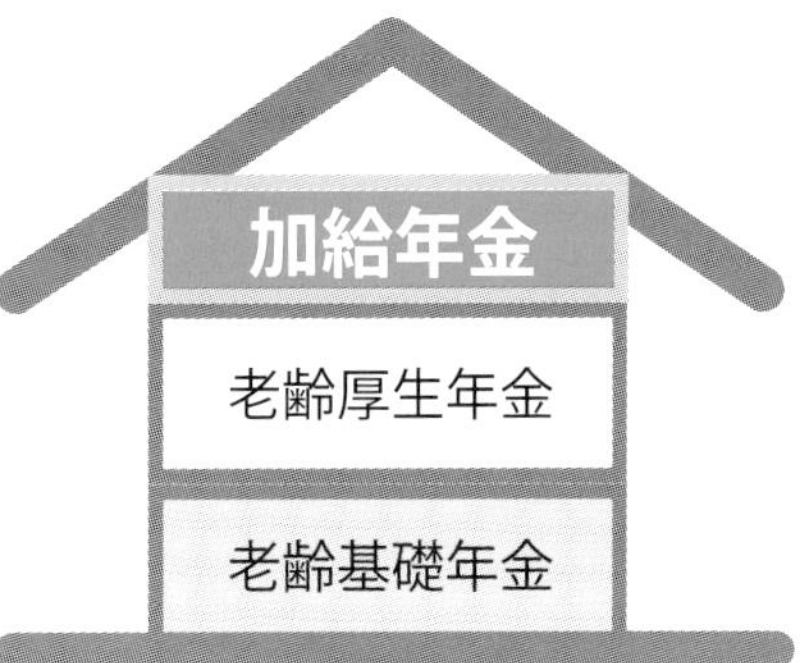

[加給年金の対象となる家族]

対象者	 配偶者	 1人目・2人目の子	 3人目以降の子
金額	22万4,700円※	各22万4,700円	各7万4,900円
年齢条件	65歳未満	18歳到達年度の末日までの間の子または 1級・2級の障害の状態にある20歳未満の子	

※老齢厚生年金を受けている人の生年月日に応じて、配偶者の加給年金額に33,200円〜165,800円が特別加算される。

国民年金の任意加入は、60歳以降に厚生年金保険に加入していない人が対象になりますけれども、数カ月の未納期間がある人は任意加入することで、1階部分の老齢基礎年金を満額にすることが可能です。それから、勤続年数を20年以上にすることです。配偶者や子どもがいれば老齢厚生年金に**加給年金**が付くことがあります。

何歳まで働く? 70歳まで働くという選択肢もある

現行法規では、厚生年金保険には70歳まで加入できます。60歳の定年を過ぎて、継続雇用や再就職をした場合でも、一定の要件を満たしていれば、会社員は社会保険(健康保険・厚生年金保険)に加入することになります。

勤め先が何歳までの勤務を認めているか次第ですが、70歳まで働くことができたら、保険料を払った分だけ、退職後の年金は確実に増えます。

将来の年金を増やす方法②
年金の繰下げ受給を選ぶ

繰下げ受給で年金額が増える

本来、年金は65歳からもらい始めるものですが、**繰上げ受給**と**繰下げ受給**という受け取り方もあります。

繰上げとは文字どおり、65歳よりも早く、最大5年の前倒しが可能です。ただし早くもらい始める分、年金が減額され、1カ月あたり0・5％の減額率になります。60歳からもらい始めた場合は、0・5％×12月×5年＝30％となり、30％も減額された年金になってしまいます。

一方の繰下げは、66歳以降に先送りするものです。こちらは1カ月あたり0・7％の増額率で、70歳まで5年繰下げした場合は、0・7％×12月×5年＝42％と計算され、年金を**42％**も増やすことが

［老齢基礎年金の繰下げ受給］

年金の受給開始年齢を66歳以降にすると
将来もらえる年金が増える

【増額率】
65歳に達した月から繰下げ申出月の前月までの月数×0.7%

増額された年金を生涯受け取り続けることができる

繰下げ請求と増額率

請求時の年齢	増額率
66歳0カ月～66歳11カ月	8.4～16.1%
67歳0カ月～67歳11カ月	16.8～24.5%
68歳0カ月～68歳11カ月	25.2～32.9%
69歳0カ月～69歳11カ月	33.6～41.3%
70歳0カ月～	42.0%
71歳0カ月～	50.4%
72歳0カ月～	58.8%
73歳0カ月～	67.2%
74歳0カ月～	75.6%
75歳0カ月～	84.0%

2022年４月以降～

繰上げの減額率が１カ月あたり**0.4%**に緩和される

繰下げ受給の上限年齢が**75歳**となり**最大84%**の年金増額が可能になる

［老齢厚生年金の繰下げ受給］

老齢厚生年金も繰下げの申し出ができる

【増額率】
老齢基礎年金と同じ
65歳に達した月から繰下げ申出月の前月までの月数×**0.7%**

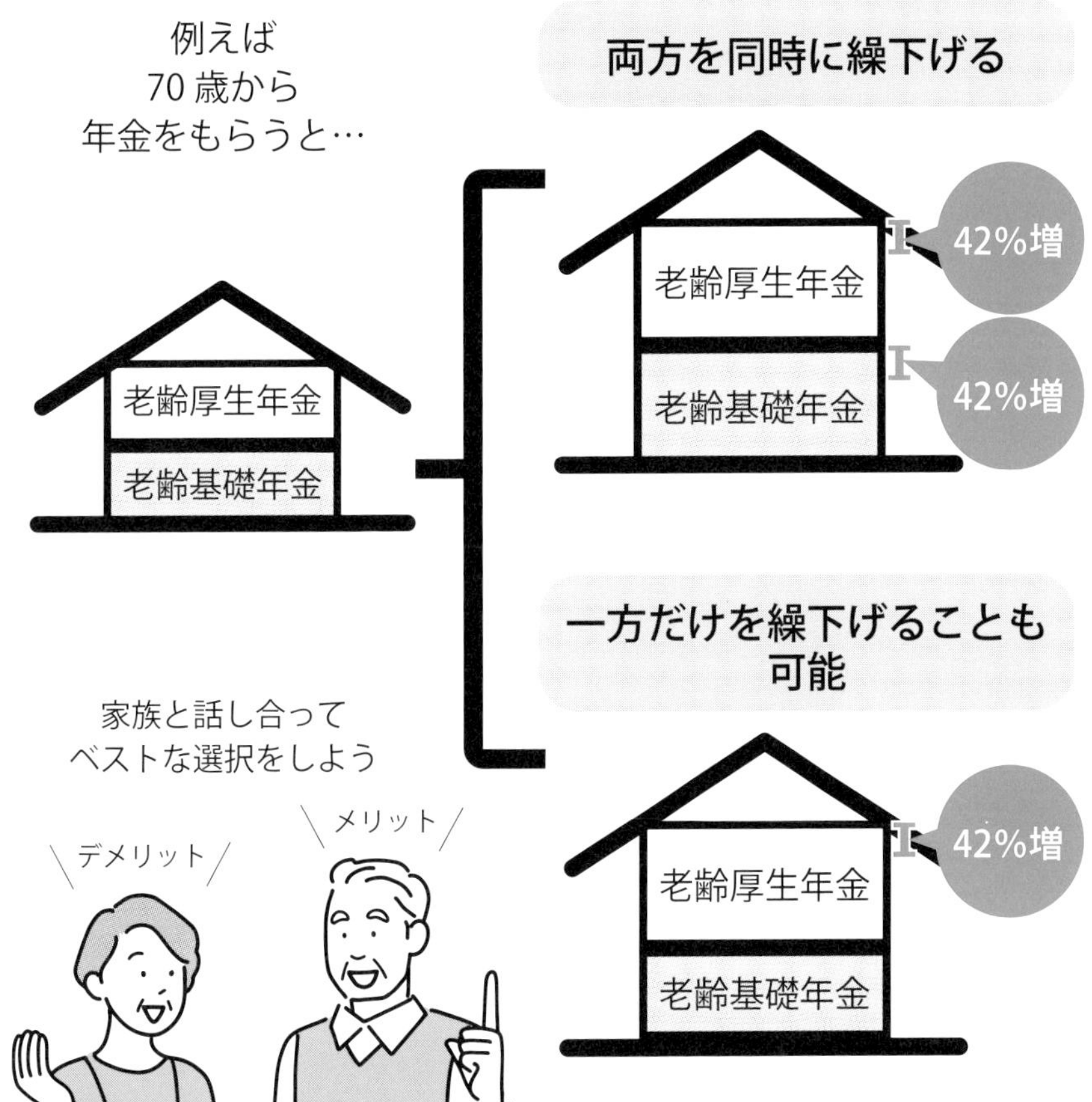

年金を増やすには、繰下げ受給が確実。できれば70歳まで繰下げよう

可能です。

繰下げ受給の損益分岐点は82歳

年金は何歳からもらい始めるのが得なのか？ この問いに対する答えは、その人の寿命に関係することであるため、「○歳からもらうのがいちばん得だ」と断定できるものではありません。それでも、繰上げと繰下げには、それぞれ**損益分岐点**を計算できるので、それを確認しておきましょう。

まず繰上げですが、60歳から繰上げてもらい始めた人が、65歳からもらい始めた人に累計額が逆転されるのは77歳前後です。繰下げは、70歳に繰下げてもらい始めた人が、65歳からもらい始めた人の累計額を逆転するのは82歳前後です。

年金なんてまだ先のことと思っている人もいるかもしれませんが、現在40代、50代の人たちは、「何歳まで働くか、何歳から年金をもらい始めるか」を、そろそろ真剣に考える時期だと言えます。

基本手当と年金は同時にもらえる？

雇用保険と特別支給の老齢厚生年金の関係

65歳未満でも年金をもらえる人がいる

72～73ページで、老後の年金は65歳から支給されますといいました。

確かにそのとおりなのですが、65歳からの支給になるのは、男性：昭和36年4月2日以降生まれ、女性：昭和41年4月2日以降生まれの人です。

これより前に生まれた人は、いわゆる**特別支給の老齢厚生年金**（60歳台前半の老齢厚生年金）をもらうことができます。

1985（昭和60）年の大改正で、年金の支給開始年齢が60歳から65歳に引き上げられたことで、移行措置として段階的に65歳支給に近づけていくため、生年月日によって60歳台前半に年金をもらえる人がいるのです。

［特別支給の老齢厚生年金］

年金の支給開始年齢が 60 歳から 65 歳に引き上げられたことで、移行措置として段階的に 65 歳支給に近づけていくための措置です

60歳～65歳	65歳～
特別支給の老齢厚生年金	本来の年金支給

［支給開始年齢］

生年月日によって変わる

【男性】

2021年度末		支給開始年齢
61～62歳	→	64歳

【女性】

2021年度末		支給開始年齢
60～61歳	→	62歳
58～59歳	→	63歳
56～57歳	→	64歳

男性：1961（昭和 36）年 4 月 1 日
女性：1966（昭和 41）年 4 月 1 日
以降に生まれた人は…

2022年度に
60歳の誕生日を迎える人
（昭和37年 4 月 2 日～昭和38年 4 月 1 日生まれ）
だと…

女性は63歳から受け取れる
（男性は受け取れない）

基本手当と年金は同時受給できない。
ほとんどの人は基本手当の方がお得

［基本手当と年金の同時受給はできない］

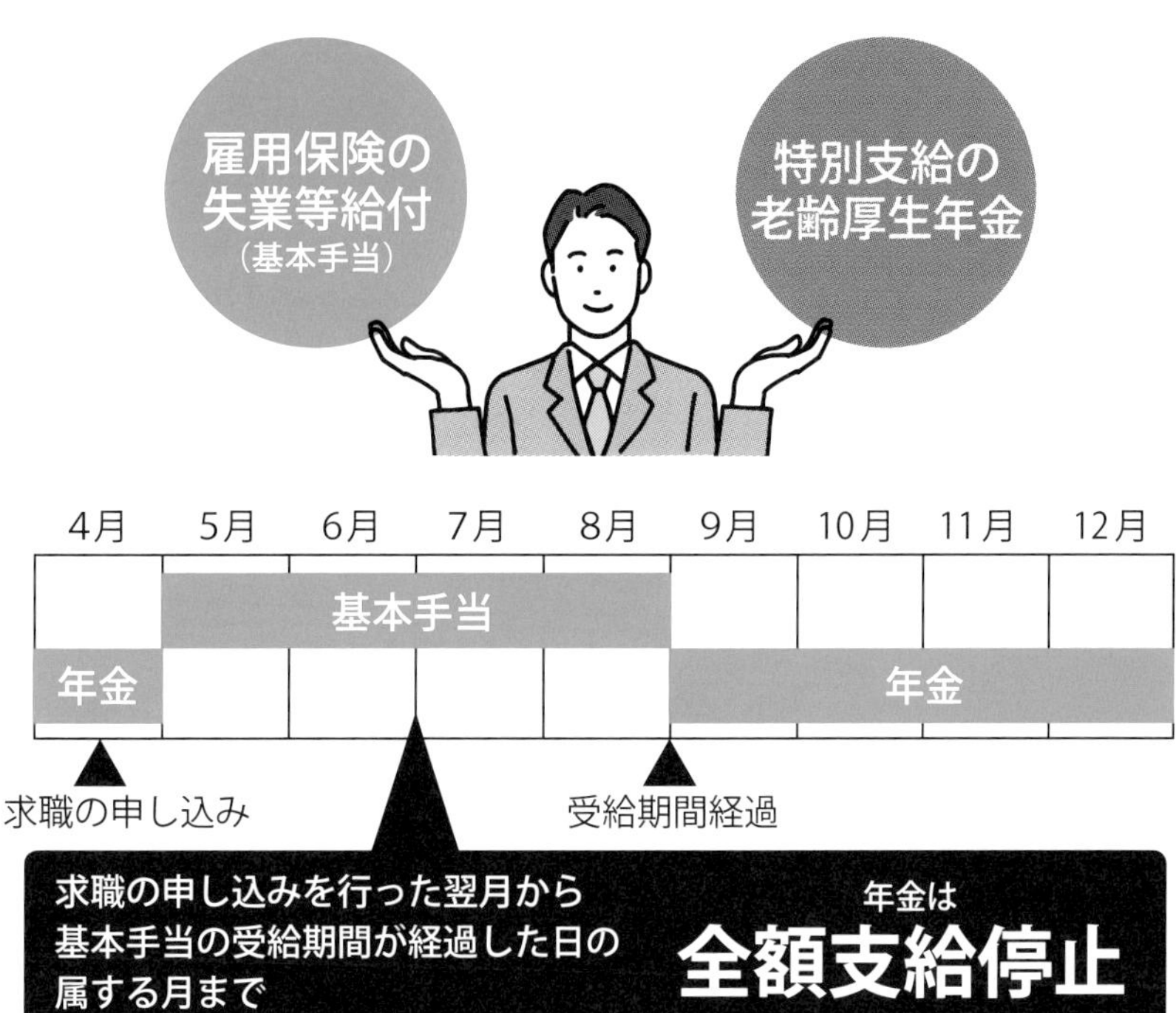

［どっちをもらった方がお得？］

たいていの人は**基本手当の方が金額が多い**

雇用保険の失業等給付
（基本手当）

特別支給の老齢厚生年金

金額はそれほど
多くない
ことが多い

基本手当と年金は同時にもらえる？

60歳を過ぎてから会社をやめたとします。この人が60歳台前半の老齢厚生年金をもらっている場合、**雇用保険の失業等給付**（基本手当）と年金の両方をもらえるでしょうか？

その答えは、雇用保険の失業等給付（基本手当）と年金の**同時受給はできない**ということになります。

ハローワークで**求職の申し込み**をすると、翌月から失業等給付（基本手当）の受給期間が経過した日の属する月まで、年金は全額支給停止されます。逆に言えば、求職の申し込みをしなければ、年金を受給できます。

この問題に関しては「どちらか一方しかもらえないのだから、受給額が多い方を選ぶべし」と、よくアドバイスされますが、現在、60歳台前半の老齢厚生年金をもらえる人でも、その金額はそれほど多くないと思われます。**多くの人は、基本手当を受け取った方が有利でしょう。**

在職老齢年金は調整される

働くと年金が減ることがある

在職老齢年金の支給停止のしくみ

在職老齢年金とは、**在職中の年金**のことを意味します。70歳未満の人が厚生年金保険に加入して働いている場合、**老齢厚生年金と給与**（以下、総報酬月額相当額）**によっては、老齢厚生年金の額が調整される**しくみになっています。

在職老齢年金は、60歳台前半（60〜65歳未満）と60歳台後半（65歳以降）の2つに分けられ、計算方法が異なります。

老齢厚生年金額を12月で除したものを**基本月額**というのですが、この基本月額と総報酬月額相当額の合計額によって、調整が行われます。

60歳台前半は、合計額28万円以下ならば年金は全額支給。60歳台後半は、合計

［在職老齢年金のしくみ］

60歳以降
厚生年金保険に加入して働いていると
老齢厚生年金が減額調整されるかも⁉

60歳	65歳
調整対象 特別支給の老齢厚生年金 （60歳台前半の老齢厚生年金）	調整対象 老齢厚生年金
	減額調整されない 老齢基礎年金

［支給停止のボーダライン］

Ⓐ 基本月額
加給年金額を除いた額を12で除した金額

Ⓑ 総報酬月額相当額
（その月の標準報酬月額）＋（その月以前１年間の標準賞与額の合計）÷12

60歳台前半（60〜65歳未満）
Ⓐ＋Ⓑ ≦28万円 なら
2022年４月１日からは ≦47万円

60歳台後半（65歳以降）
Ⓐ＋Ⓑ ≦47万円 なら

年金の支給停止なし

支給停止基準額の変更によって、今後は60歳台前半の働き方が変わるかも！

［要注目の法改正］

…2022年4月1日から…

60歳台前半
（60～65歳未満）

支給停止基準額が

Ⓐ＋Ⓑ ≦28万円

↓

Ⓐ＋Ⓑ ≦47万円 に緩和される

65歳以上
の在職中の
老齢厚生年金受給者

在職定時改定 の創設

毎年10月に年金額を改定し
それまでに納めた保険料が
年金額に反映されるようになる

例えば
標準報酬月額20万円で
1年間
就労した場合…

10000 1000

1年あたり
1万3,000円程度
年金が増える！

法改正後
70歳まで就労したケース

在職定時改定による年金額増額分

老齢厚生年金
老齢基礎年金

65 66 67 68 69 70（歳）

額47万円以下ならば同じく年金は調整されることなく全額支給されます。それぞれ、28万円、47万円という支給停止となる基準額を覚えておきましょう。

なお、支給調整されるのは老齢厚生年金だけで、**老齢基礎年金は減らされることはありません**ので、ご心配なく。

法改正でこう変わる

在職老齢年金については、法改正があり、2022（令和4）年4月1日から施行されます。

注目すべき改正項目として、一つは、60歳台前半の在職老齢年金の支給停止基準額が65歳以上と同じ**47万円**になることです。

もう一つは、在職定時改定といい、**65歳以上の人は会社を退職しなくても、毎年10月に老齢厚生年金の額が改定される**ようになります。

今後は、払った保険料がすぐに反映され、毎年10月から少し増えた老齢厚生年金をもらうことができます。

求職申込書・表面

この書面は筆記式のもの。ハローワーク内に設置されたパソコンで求職情報を仮登録してから、窓口で求職申し込み手続きをすることもできる。

求職申込書【表面】 受付年月日 令和 年 月 日

①基本情報

フリガナ	スズキ イチロウ	性別(※1)	男	生年月日	大正・昭和(○)・平成 61年 3月 1日 (36歳)	該当する場合はチェックしてください。	□ 障害あり(※2) □ 未就職卒業者(※3)
氏名	鈴木 一郎						
住所	〒115-0053 東京都北区赤羽台4-7-11						
最寄り駅	JR埼京線 赤羽 駅(○)・バス停・その他( )						
最寄り駅から自宅までの交通手段	徒歩(○)・自転車・バイク・自動車・その他( )				所要時間	10分	
電話番号	03 - XXXX - 0000 (呼出: 方)				携帯電話	090 - 0000 - XXXX	
FAX番号	☑ 電話番号と同じ □ 異なる (FAX番号: - -)						

②求職情報提供等

求職情報公開	☑ 求職情報を公開する(求人者からのリクエストがくる場合があります。)(※4) □ 求職情報を公開しない
求職情報提供	☑ 地方自治体・地方版ハローワーク、民間人材ビジネスともに可 □ 地方自治体・地方版ハローワークのみ可 □ 民間人材ビジネスのみ可 □ 地方自治体・地方版ハローワーク、民間人材ビジネスともに不可
ハローワークからの連絡可否	☑ 連絡可(郵便(○)・電話(○)・携帯電話(○)・FAX(○)) □ 連絡不可

③希望職種・時間等

就業形態	☑ フルタイム □ パート □ 季節労働	雇用期間	☑ 定めなし □ 定めあり(4ヶ月以上) □ 定めあり(4ヶ月未満) □ 日雇(日々雇用又は1ヶ月未満)	希望がある項目全てに☑してください。	☑ 正社員希望 □ 派遣可 □ 請負可	公開(○)・非公開
希望する仕事1(※5)	職種	営業	内容	営業全般 (経験(□ 経験なし □ 3年未満 ☑ 3年以上))		公開
希望する仕事2(※5)	職種	経理事務	内容	経理事務全般 (経験(□ 経験なし ☑ 3年未満 □ 3年以上))		
希望勤務時間	□ あり → □ なし	始業時間 9時 00分 ~ 終業時間 18時 00分				公開・非公開
		1日の希望時間(パート希望の場合のみ記入) 時間程度		週の希望日数(パート希望の場合のみ記入) 日程度		
		夜勤 □ こだわらない □ 可 ☑ 不可		交替制(シフト制) □ こだわらない □ 可 ☑ 不可		
希望休日・週休二日制	休日希望 ☑あり □なし	→ □ 月 □ 火 □ 水 □ 木 □ 金 □ 土 □ 日 ☑ 祝日 ☑ その他(夏季休暇、年末年始休暇 等)				公開・非公開
	週休二日制 ☑ 毎週 □ その他 □ 不問					

④希望勤務地・賃金

希望勤務地	希望勤務地(※5): 東京都23区内での勤務を希望			公開
	交通手段:[☑ 徒歩 ☑ 電車 □ 車 □ バイク □ 自転車 □ バス]で[60]分以内			
	マイカー通勤の希望: □ あり ☑ なし	在宅勤務の希望: □ あり ☑ なし		
UIJターン希望	□ あり(UIJターン先都道府県の希望(3つまで):) ☑ なし			公開(○)・非公開
転居	□ 可(単身・家族共) ☑ 不可 公開(○)・非公開	海外勤務	□ 可 ☑ 不可	公開(○)・非公開

(※1)記載は任意です。未記載とすることも可能です。

(※2)障害者として求職活動を希望する場合に選択してください。

(※3)学校等を卒業又は修了した日の翌日以降、一度も就職していない場合を指します。

(※4)求職情報を公開するを選択した場合には、希望職種、希望勤務地、最終学歴、免許・資格等が求人者に公開されます。その他、求人者からリクエストがあり、ハローワークから連絡することがあります。なお、「公開・非公開」マークがある項目は、公開の可否を選択することができます。

(※5)更に追加が必要な場合は続紙をご利用ください。 (※6)直近のものから順番に記載してください。

(※7)外国人(特別永住者を除く)の方は、在留資格、在留期間、資格外活動許可の有無を記載してください。また、在留資格「特定技能」の場合は、対応する特定産業分野、業務区分も記載してください。

※この書面はハローワークインターネットサービス(https://www.hellowork.mhlw.go.jp/)からダウンロードしたものです。

求職申込書・裏面

求職申込書【裏面】

④希望勤務地・賃金

希望賃金	☑希望月収（税込）（ 27 万円以上） □希望時間額（パート希望の場合）（ 円以上）	(公開)・非公開	家庭の状況	配偶者： ☑あり □なし 扶養家族： 0 人
仕事をする上で留意を要する家族（乳幼児・要介護者等）	□あり（ ） ☑なし			
仕事をする上で身体上注意する点	□あり（ ） ☑なし			
就職についての条件・その他の希望（※7）				
こだわり条件（3つまで選択可）	☑職種（仕事の内容） □勤務時間 □就業形態 ☑休日 ☑勤務地 □賃金			

⑤学歴・資格

項目	内容	公開
学歴	最終学歴：□中学 □高校 □高等学校専攻科 □高専（5年制） □専修・専門 □短大 ☑大学 □大学院 □能開校 区分：☑卒業・修了 □卒業・修了予定 □中退 □在学中　卒業年月（公開対象外）：大正・昭和・(平成)・令和 20 年 3 月 専攻科目： 経済学部　備考：	公開
訓練受講歴1（※5）	機関（訓練校・各種学校）： 学科（コース）名： 科目内容： 受講期間：昭和・平成・令和 年 月 日 ～ 昭和・平成・令和 年 月 日	公開・非公開
免許・資格（※5）	普通自動車運転免許：☑あり（☑限定なし □AT限定） □なし　(公開)・非公開 免許・資格（ 日商簿記２級　取得：昭和・(平成)・令和 25 年 3 月） （ 取得：昭和・平成・令和 年 月） （ 取得：昭和・平成・令和 年 月）	(公開)
PCソフト・PCスキル	文書作成ソフト： 報告書作成・表作成など 表計算ソフト： 簡単な関数・グラフ作成など プレゼンテーション資料作成ソフト： スライド作成など その他のソフト：	(公開)・非公開

⑥経歴

項目	内容	公開
経験した主な仕事1（※5、6）	就業形態：☑雇用 □自営　雇用形態：☑正社員 □正社員以外（ ） 職種： 経理事務　退職時（現在）の税込月収： 22 万円 非公開 仕事内容： 現金出納、仕訳入力、売掛金・買掛金管理、請求書発行など 在籍期間：昭和・平成・(令和) 2 年 4 月 ～ 昭和・平成・(令和) 3 年 12 月 働いていた（いる）期間：約 1 年 9 ヶ月間　現在の状況：☑既退職 □在職中 退職理由：☑自己都合 □期間満了 □定年退職 □解雇・雇い止め □その他（その他の退職理由： ） 非公開	公開・非公開
経験した主な仕事2（※5、6）	就業形態：☑雇用 □自営　雇用形態：☑正社員 □正社員以外（ ） 職種： 営 業　退職時（現在）の税込月収： 25 万円 非公開 仕事内容： ルート先営業、新規開拓など 在籍期間：昭和・(平成)・令和 20 年 4 月 ～ 昭和・平成・(令和) 2 年 3 月 働いていた（いる）期間：約 12 年 0 ヶ月間　現在の状況：☑既退職 □在職中 退職理由：☑自己都合 □期間満了 □定年退職 □解雇・雇い止め □その他（その他の退職理由： ） 非公開	

求職者マイページの開設をご希望される場合は、Eメールアドレスをご記入ください。

Eメールアドレス：

※実際の記入方法、手続きに必要な書類についてはハローワークにお問い合わせください。

失業認定申告書

失業等給付（基本手当）を受給するために、ハローワークに毎月提出しなければならない。求職活動実績がないと、就職する意思がないと思われてしまう。

様式第14号（第22条関係）（第1面）

失業認定申告書

（必ず第２面の注意書きをよく読んでから記入してください。）

※ 帳票種別　11203

1 失業の認定を受けようとする期間中に、就職、就労又は内職・手伝いをしましたか。	ア した（就職又は就労をした日は○印、内職又は手伝いをした日は×印を右のカレンダーに記入してください。） **(イ)** しない	月 1〜31 ／ 月 1〜31
2 内職又は手伝いをして収入を得た人は、収入のあった日、その額（何日分か）などを記入してください。	収入のあった日　月　日　収入額　円　何日分の収入か　日分（3行）	

3 失業の認定を受けようとする期間中に、求職活動をしましたか。

(ア) 求職活動をした

(1) 求職活動をどのような方法で行いましたか。

求職活動の方法	活動日	利用した機関の名称	求職活動の内容
(ア) 公共職業安定所又は地方運輸局による職業相談、職業紹介等	1/10	ハローワーク王子	職業相談
（イ）職業紹介事業者による職業相談、職業紹介等	1/25	ハローワーク王子	職業相談 →2/1（株）凸凹商会 面接予定
（ウ）派遣元事業主による派遣就業相談等			
（エ）公的機関等による職業相談、職業紹介等			

(2) (1)の求職活動以外で、事業所の求人に応募したことがある場合には、下欄に記載してください。

事業所名、部署	応募日	応募方法	職種	応募したきっかけ	応募の結果
（電話番号　）				（ア）知人の紹介 （イ）新聞広告 （ウ）就職情報誌 （エ）インターネット （オ）その他	
（電話番号　）				（ア）知人の紹介 （イ）新聞広告 （ウ）就職情報誌 （エ）インターネット （オ）その他	

イ 求職活動をしなかった　（その理由を具体的に記載してください。）

4 今、公共職業安定所又は地方運輸局から自分に適した仕事が紹介されれば、すぐに応じられますか。
(ア) 応じられる
イ 応じられない ― イに○印をした人は、すぐに応じられない理由を第２面の注意の8の中から選んで、その記号を○で囲んでください。 （ア）（イ）（ウ）（エ）（オ）

5 就職もしくは自営した人又はその予定のある人が記入してください。
ア 就職　（1）公共職業安定所又は地方運輸局紹介（2）地方公共団体又は職業紹介事業者紹介（3）自己就職　月　日より就職（予定）
イ 自営　月　日より自営業開始（予定）
（就職先事業所）事業所名（　）所在地（〒　）電話番号（　）

雇用保険法施行規則第２２条第１項の規定により上記のとおり申告します。
令和 4 年 1 月 ○ 日（この申告書を提出する日）
公共職業安定所長 地方運輸局長 殿
受給資格者氏名 鈴木一郎 印
支給番号（21−××××−○）

※公共職業安定所又は地方運輸局記載欄		
1. 支給番号	2. 未支給区分（空欄 未支給以外 1 未支給）	3. 待期満了年月日
4. 支給期間（初日）年 月 日〜（末日）月 日	5. 内職又は手伝いによる収入（労働日数）日（収入額）円	6. 基本手当支給日数
7. 就業手当支給日数	8. 就業手当に相当する特別給付支給日数	9. 就職年月日ー経路

次回認定日・時間　月　日　時から　時まで
認定対象期間　月　日〜　月　日　※連絡事項
備考　取扱者印　操作者印

※実際の記入方法についてはハローワークに相談してください。

 →42〜43ページ参照

健康保険任意継続被保険者資格取得申出書（協会けんぽの例）

退職後もこれまで加入していた健康保険を任意継続する場合に提出する。提出先は住所地を管轄する協会けんぽ支部。提出期限は退職の翌日から20日以内。

健康保険 任意継続被保険者 **資格取得** 申出書　1 2　申出者記入用　㊍

記入方法および添付書類等については、「健康保険 任意継続被保険者 資格取得 申出書 記入の手引き」をご確認ください。
申出書は、黒のボールペン等を使用し、楷書で枠内に丁寧にご記入ください。　記入見本 0 1 2 3 4 5 6 7 8 9 アイウ

申出者情報

勤務していた時に使用していた被保険者証の発行都道府県	東京 支部
勤務していた時に使用していた被保険者証の（左づめ）	記号 123456XX　番号 12
生年月日	☑昭和 □平成　61 03 01（年 月 日）
氏名	（フリガナ）スズキ イチロウ　鈴木 一郎
性別	☑男 □女
住所	（〒115－0053）東京 ㊥都 道 府 県 北区赤羽台4-7-11
電話番号（日中の連絡先）	TEL 03（XXXX）○○○○
勤務していた事業所の	名称 （株）彩図商事　所在地 豊島区南大塚3-24-99
資格喪失年月日（退職日の翌日）	令和 3 年 12 月 26 日
保険料の納付方法	保険料の納付方法について、希望する番号をご記入ください。 1　1. 口座振替（毎月納付のみ） 2. 毎月納付 3. 6か月前納 4. 12か月前納　「口座振替」を希望される方は、別途「口座振替依頼書」の提出が必要です。

健康保険資格喪失証明欄【事業主記入用】※任意

在職時に使用していた被保険者証の記号・番号	記号　番号
フリガナ / 被保険者氏名	
資格喪失年月日 ※退職日の翌日	年 月 日　備考欄

上記の記載内容に誤りのないことを証明します。　年 月 日
事業所所在地
事業所名称
事業主氏名
電話番号 （ ）

※健康保険資格喪失証明欄（事業主記入用）の記載は任意です。
※任意継続資格取得申出書の提出は、退職日の翌日から20日以内です。証明の準備に時間がかかる場合は、証明欄の記載がなくても お手続きできます。（被保険者証は、日本年金機構での資格喪失処理が完了してからの交付となります。）

被扶養者となられる方がいる場合は裏面の被扶養者届の記載をお願いします。

被保険者のマイナンバー記載欄
被保険者証の記号番号がご不明の場合にご記入ください。
記入した場合は、本人確認書類及び貼付台紙の添付が必要となります。
（詳細は「記入の手引き」をご覧ください。）

(2021.6)　受付日付印

社会保険労務士の提出代行者名記載欄

様式番号 200110　協会使用欄 1

全国健康保険協会 協会けんぽ　1/1

※実際の記入方法、手続きに必要な書類については管轄の全国健康保険協会（協会けんぽ）の都道府県支部にお問い合わせください。

国民健康保険特例対象被保険者等該当申告書（さいたま市の例）

自治体によっては、解雇や雇止めなどの理由で離職した者の国民健康保険料（税）を軽減する制度がある。要件等については各自治体に問い合わせること。

様式第２５号（第３条関係）

国民健康保険特例対象被保険者等該当申告書

○ 年 ○ 月 ○ 日

（宛先） さいたま市長

さいたま市国民健康保険税条例第２２条の２第１項の規定により、特例対象被保険者等に係る申告をします。

住所	さいたま市浦和区常盤6-4-X		
世帯主氏名	さいたま太郎	個人番号	123456789XXX
離職者氏名	さいたま花子	個人番号	234567890△△△
生年月日	昭和50 年 10 月 10 日		
電話番号	03 XXXX ○○○○		
離職年月日	令和○ 年 ○ 月 ○ 日		
離職理由 （該当する番号に○をしてください）	倒産・解雇等による離職【特定受給資格者】 離職理由コード （１１）・１２・２１・２２・３１・３２		
	雇い止めなどによる離職【特定理由離職者】 離職理由コード ２３・３３・３４		

事務処理欄

記号番号	担当者	受付印
軽減対象期間		
年 月 ～ 年 月		

※実際の記入方法、手続きに必要な書類については各自治体にお問い合わせください。

再就職手当支給申請書

「採用証明書」をハローワークに提出し受理されると、再就職手当の申請書類を渡される。申請は原則として、再就職後１カ月以内に行う必要あり。

様式第29号の2（第82条の7関係）（第1面）再就職手当支給申請書

※帳票種別 12221

1. 支給番号 □□□-□□□□□□-□
2. 未支給区分 □（空欄 未支給以外 1 未支給）
3. 番号複数取得チェック不要 □（チェック・リストが出力されたが、調査の結果、同一人でなかった場合に「1」を記入すること。）
4. 就職年月日 □-□□□□□□（4 平成 5 令和）元号 年 月 日
5. 不支給理由 □□（1 待期未経過 2 残日数不足 3 手当等履歴有 4 早期支援履歴有 5 紹介要件不該当 6 安定就業不該当 7 離職前事業主 8 雇用予約 9 安定要件不認定 13 調査時点離職）

6. 姓（漢字）鈴木
7. 名（漢字）一郎
8. 郵便番号 115-0053
9. 電話番号（項目ごとにそれぞれ左詰めで記入してください。）090-0000-XXXX（市外局番 市内局番 番号）
10. 申請者の住所（漢字）市・区・郡及び町村名 北区赤羽台
申請者の住所（漢字）丁目・番地 4-7-11
申請者の住所（漢字）アパート、マンション名等

（記載もれのないよう御注意ください。）

事業主の証明

11. 就職先の事業所（開始した事業）	名称	株式会社凸凹商会	（雇用保険）事業所番号	1234-XX0000-△
	所在地	〒169-0075 東京都新宿区高田馬場6-7-8	（電話番号 03-0000-XXXX）	
	事業の種類	OA機器販売		

12. 雇入年月日（事業開始年月日） 令和4年3月1日
13. 採用内定年月日 令和4年2月10日
14. 職種 営業
15. 一週間の所定労働時間 40時間0分
16. 賃金月額 27万0千円
17. 雇用期間 ㋑定めなし ロ 定めあり ▶令和 年 月 日まで 契約更新条項（イ 有 ロ 無） 1年を超えて雇用する見込み（イ 有 ロ 無）
18. 上記の記載事実に誤りのないことを証明する。
令和 4年 3月 2日
事業主氏名（法人のときは名称及び代表者氏名） 株式会社凸凹商会 松坂大助 印

19. 上記12欄の日前3年間における就職についての再就職手当又は常用就職支度手当の受給の有無
イ 再就職手当又は常用就職支度手当を受給したことがある。
㋺ 再就職手当又は常用就職支度手当のいずれも受給したことがない。

雇用保険法施行規則第８２条の７第１項の規定により、上記のとおり再就職手当の支給を申請します。

令和4年3月5日

王子 公共職業安定所長／地方運輸局長 殿　申請者氏名 鈴木一郎

※処理欄		備考
所定給付日数	90・120・150・180・210・240・270・300・330・360日	
支給残日数	日	
支給金額	円	
支給決定年月日	令和 年 月 日	

※所属長	次長	課長	係長	係	操作者

※実際の記入方法についてはハローワークに相談してください。

【著者】
房野和由（ふさの・かずよし）
特定社会保険労務士。埼玉県生まれ。早稲田大学大学院法学研究科修士課程修了。開業社労士のかたわら、資格専門学校にて社労士受験講座の講師を務める。
著書に『障害年金・生活保護で不安なく暮らす本』『まず200万円もらって始める、ゆるゆる起業』（以上、ぱる出版）などがある。

本書の内容は、2021年11月現在のものです。最新の情報については、厚生労働省ホームページ、日本年金機構ホームページ、国税庁ホームページ、各自治体のホームページ等をご覧になってくださいますようお願いいたします。

転職・早期退職・定年
会社を退職するときに
絶対に知っておきたいお金の話

2022年1月14日第一刷

著　者　房野和由
イラスト　カフェラテ
発行人　山田有司
発行所　株式会社　彩図社
東京都豊島区南大塚 3-24-4
MT ビル　〒 170-0005
TEL：03-5985-8213　FAX：03-5985-8224
印刷所　シナノ印刷株式会社

URL：https://www.saiz.co.jp
https://twitter.com/saiz_sha

ISBN978-4-8013-0573-1 C0033